taxi! 3

cahier d'exercices

méthode de français

Anne-Marie Johnson
Robert Menand

HACHETTE
Français langue étrangère

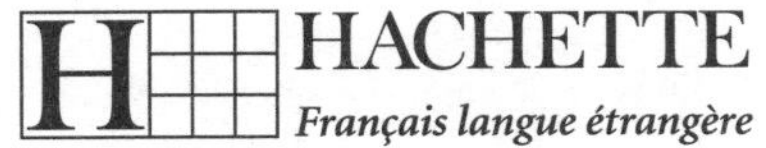

Crédits photographiques

Rapho Top : 5. **Universal Music**/Philippe Bordas : 13. **Club Med :** 51. **Hachette**/Marie Curie : 97. **Gamma** : 127a. **Gamma**/André SAS : 127b. **Gamma**/Patrick Aventurier : 127c.

Tous nos remerciements à :

CIDJ : 10. fandefriends@fandefriends.com : 22. **Ambassade de France**/Biélorussie : 25. **L'Observatoire Ipsos/Club Med** : 50. **Le Monde 2** : 55. **L'Humanité** : 59. **Le Monde diplomatique** : 63. **Sondage IFOP-Le Journal du dimanche** : 89. **www.recherche.gouv** : 95. **L'Équipe** : 100. **La maison de la domotique** : 103. **Fédération nationale des cinémas français** /la Fête du cinéma : 107a. **Ministère de la Culture**/M. Douzou : 107b. **Larousse** : 110. **Elle** : 110. **ANPE** : 126.

Droits réservés

Nozatoo : 16. **www.stoplagrève.com** : 30.

Intervenants

Conception graphique, photogravure et réalisation : Anne-Danielle Naname et Tin Cuadra

Couverture : Guylaine et Christophe Moi

Illustrations : Annie-Claude Martin

Recherche iconographique : Anne Pekny

Cartographie : Hachette Éducation

Secrétariat d'édition : Claire Dupuis

ISBN : 978-2-01-155290-7

Sommaire

Unité 1

Gens d'ici, gens d'ailleurs

Grammaire Les temps du récit

1 Imparfaits.

Lisez les énoncés suivants et dites ce qu'ils expriment.

	Circonstances	Habitude	État passé
1 Ce jour-là, elle allait au marché, lui y vendait des fruits.	☐	☐	☐
2 On partait souvent se balader là-bas, le soir, en famille.	☐	☐	☐
3 Mais non, en 1980, ils n'étaient pas encore ensemble !	☐	☐	☐
4 On vivait comme ça, à cette époque-là.	☐	☐	☐
5 Il faisait sombre, on n'y voyait presque rien.	☐	☐	☐
6 Il ne s'y passait jamais rien d'extraordinaire.	☐	☐	☐
7 Ils habitaient là depuis les années soixante.	☐	☐	☐

2 Drôle de vie.

Pour connaître la vie de cet homme, mettez les verbes au passé composé ou à l'imparfait.

Avant, dans mon pays, c'.................................... (être) vraiment dur. Je ne .... (trouver) pas de boulot. Le chômage .... (augmenter) régulièrement, les prix aussi. Pour survivre, il .... (falloir) faire plusieurs boulots en même temps. Heureusement, un jour, j' .... (rencontrer) quelqu'un qui m'.................................... (aider). On m'.................................... (proposer) du travail en France, sur les chantiers. Bien sûr, ce n'.................................... (être) pas très bien payé, mais j'.................................... (accepter). Au début, mon pays me .... (manquer). Aujourd'hui, ça va mieux : ma famille .... (arriver) en mai dernier.

3 Voyage d'études.

Lisez le texte puis entourez la forme du verbe qui convient.

On (était – a été) en mars et je me souviens encore que, dehors, la neige qui (était tombée – est tombée) depuis plusieurs jours (a blanchi – avait) blanchi les branches des arbres.

(J'étais – J'ai été) assis au fond de la classe, en cours d'anglais. Le prof nous (a fait – faisait) réviser un texte lorsque la porte (s'ouvrait – s'est ouverte). Un homme (entrait – est entré). Je ne sais plus aujourd'hui quels vêtements il (portait/avait porté) ni à quoi il (a ressemblé – ressemblait). J'(ai tout oublié – oubliais tout) sauf ce qu'il (annonçait – a annoncé).

Il (venait – est venu) nous informer de la possibilité de gagner une bourse d'études d'un an dans une université, en Irlande. D'habitude, cette possibilité (n'était – n'a été) offerte qu'aux étudiants des classes littéraires. Mais comme, cette année-là, quelques bourses (n'avaient pas été – n'ont pas été) attribuées, on (décidait – avait décidé) de proposer cette bourse à toutes les classes de terminale. (C'était – Ça a été) une chance unique.

(J'avais levé – J'ai levé) la main.

4 Première impression.

Complétez le dialogue en conjuguant les verbes aux temps qui conviennent : présent, passé composé, imparfait ou plus-que-parfait.

– Dis-moi, quelle .... (être) ta première impression en arrivant au Canada ?

– Lorsqu'on .... (arriver) dans un nouveau pays, il .... (paraître) que l'opinion définitive que l'on s'en fait .... (reposer) sur les trois premières personnes rencontrées. La première personne .... (être) un agent de l'Immigration qui .... (passer) des appels téléphoniques pendant une heure et demie pour me trouver un endroit où habiter. La deuxième personne que j' .... (croiser) était un monsieur à qui j'.................................... (demander) mon chemin. Il .... (prendre) la peine de dessiner un plan et de me guider jusqu'au métro pour que je ne me perde pas. La troisième personne .... (être) la propriétaire de la pension que l'agent de l'Immigration .... (trouver).

En plus de m'accueillir chaleureusement, elle .... (appeler) certains anciens locataires pour leur annoncer mon arrivée. Du coup, j'.................................... (avoir) un groupe d'amis qui ne .... (demander) qu'à me faire découvrir les merveilles de mon nouveau pays, qui .... (devenir) aussi le tien. Voilà la première impression que j' .... (avoir) en arrivant au Canada.

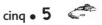

5 Explications.

Complétez les phrases en imaginant une explication au plus-que-parfait comme dans l'exemple.

▶ ***Exemple :*** *Ils sont arrivés fatigués hier soir : ils* ***s'étaient perdus*** *en allant à la gare et* ***avaient raté*** *leur train.*

1 Pour résumer, nous y sommes enfin parvenus, même si ....

....

2 En fin de compte, on l'a surnommé « monsieur Catastrophe » parce que ....

....

3 À l'époque, il vivait avec une Espagnole que ....

....

4 Ils ont attendu longtemps pour avoir un logement décent car ....

....

5 Ils parlaient assez bien français quand on s'est connus : ....

....

6 Souvenirs.

Remplacez les verbes au passé simple par un passé composé.

Le premier week-end où ils .... (se rendirent) dans cette région .... (fut) extraordinaire. Ils .... (découvrirent) un paysage qui .... (se révéla) splendide avec ses lacs innombrables et ses forêts aux couleurs automnales. Ils .... (purent) marcher longtemps et ils .... (ne croisèrent) personne. Le soir, ils .... (logèrent) dans une cabane et .... (firent) du feu dans la cheminée. Ils y .... (rencontrèrent) leurs premiers amis : leur largeur d'esprit et leur gentillesse les .... (impressionnèrent) immédiatement. Jamais ils .... (ne regrettèrent) leur décision d'émigrer. Jamais ils .... (ne pensèrent) à rentrer en France.

Grammaire — L'expression de la durée

7 Eurovisions.

Complétez les réactions des personnes interrogées par une expression de durée.

– L'élargissement de l'Europe, qu'est-ce que cela a changé pour vous ?

1 J'ai attendu ça .... des années ; mais, pour l'instant, je ne vois pas de changement dans ma vie quotidienne. *(Anna, 36 ans, tchèque)*

2 .... quelques mois, j'essaie d'apprendre une langue étrangère ; avant je n'étais pas très motivé. *(Danilo, 20 ans, slovène)*

3 Entrer dans l'Union européenne : .... quinze ans, c'était difficile à imaginer, aujourd'hui, c'est une réalité. *(Baïba, 38 ans, lettone)*

4 .... trois ans .... je travaille à l'étranger. En fait, pour moi, ça n'a rien changé d'essentiel. *(Karolina, polonaise)*

5 Maintenant, je suis ici .... six mois sans avoir besoin de visa. Avant, ce n'était pas possible. *(Agnès, hongroise)*

6 .... l'élargissement, on est un peu inquiets : les prix ont augmenté de 15 % en moyenne. *(Maria, maltaise)*

Anna	Agnès	Danilo	Baïba	Karolina	Maria

SUÈDE
FINLANDE
mer du Nord
ESTONIE
LETTONIE
LITUANIE
IRLANDE
ROYAUME-UNI
DANEMARK
PAYS-BAS
océan Atlantique
POLOGNE
BELGIQUE
ALLEMAGNE
LUXEMBOURG
RÉPUBLIQUE TCHÈQUE
SLOVAQUIE
FRANCE
AUTRICHE
HONGRIE
SLOVÉNIE
ITALIE
PORTUGAL
ESPAGNE
mer Noire
GRÈCE
MALTE
CHYPRE
mer Méditerranée
500 km

8 L'Europe à vingt-cinq.

Lisez les explications du journaliste sur l'élargissement de l'Europe et choisissez l'expression de durée qui convient.

1 .... 1995, treize pays de l'espace Schengen avaient déjà supprimé les contrôles d'identité aux frontières. (en – pendant)

2 Il faudra attendre .... trois et six ans pour payer en euros partout. (pendant – entre)

3 .... dix ans, des dizaines de dentistes polonais se sont spécialisés dans les soins haut de gamme à des tarifs très avantageux pour les Français ou les Allemands, par exemple. (dans – en)

4 .... quelque temps, les échanges commerciaux entre l'Union et les nouveaux arrivants ont été multipliés par quatre. (depuis – il y a)

5 .... déjà longtemps que des programmes d'échange comme Léonardo existent. Et ils vont être étendus aux nouveaux pays membres. (depuis – il y a)

6 On prévoit que chaque Français contribuera de vingt-cinq euros par an au budget européen, au moins .... les trois prochaines années. (pendant – pour)

Vocabulaire

9 Le mot juste.

Complétez la grille de mots croisés à l'aide des définitions.

1 De deux couleurs.
2 Journal qui paraît tous les trois mois.
3 Qui parle trois langues.
4 Qui ne varie pas.
5 Qui rassemble plusieurs médias sur le même support.
6 Deux centième anniversaire.
7 Qui n'est qu'en une seule langue.

10 Français ou français ?

Mettez une majuscule si nécessaire aux mots soulignés.

1 L'intérêt, avec l'anglais, c'est que tu peux te faire comprendre pratiquement n'importe où.

2 Avant la chute du Mur, on disait un *allemand de l'Est* ou un *allemand de l'Ouest.*

3 En iran, on parle perse, tu le savais, toi ?

4 Le hongrois, c'est une langue apparentée au finnois.

5 Mon cinéaste préféré ? Le réalisateur espagnol Pedro Almodovar, sans hésiter !

6 Anne ? Elle vient de se marier avec un grec.

7 C'est une spécialité portugaise ?

8 Un français moyen, c'est quelqu'un de très ordinaire.

11 Chez les voisins.

Associez chaque phrase familière à la phrase de même sens en français standard.

1 À la maison, ça file droit.
2 À quoi bon ?
3 Ils sont arrivés comme ça !
4 Leurs mômes s'engueulent sans arrêt.
5 Ils ont plusieurs gosses sur les bras.
6 On dirait des clodos, non ?

a Leurs enfants se disputent tout le temps.
b Ils ont des enfants à charge.
c Des SDF*, voilà à quoi ils ressemblent !
d On obéit sans discuter chez nous.
e Ils ont fait irruption sans prévenir.
f C'est inutile.

*SDF : sans-domicile fixe.

12 Destins d'immigrés.

Choisissez le mot qui convient dans chaque phrase.

1 .... à Marseille en 1962, ils y sont toujours restés. (débarqués – embarqués)

2 Il .... un réfugié qui n'avait plus rien à perdre. (semblait – avait l'air d')

3 Chez nous, il était interdit de .... les Français. (pratiquer – fréquenter)

4 Mon père .... de temps en temps les sourcils. (froissait – fronçait)

5 Il avait un drôle .... dans ce vieux costume. (d'aspect – de comportement)

6 Ils voulaient vraiment .... cette nationalité ? (conquérir – acquérir)

13 Par définition...

Cochez les définitions exactes.

- ☐ 1 Un enfant naturel = un enfant dont les parents sont mariés.
- ☐ 2 L'acquisition de la nationalité = l'obtention de la nationalité.
- ☐ 3 Anticiper un événement = penser à un événement avant qu'il arrive.
- ☐ 4 Résider quelque part = demeurer quelque part.
- ☐ 5 Le Code civil = les règles de politesse.
- ☐ 6 À votre majorité = quand vous aurez seize ans.
- ☐ 7 Une tranche d'âge = âge compris entre deux limites.

Comprendre

14 L'univers des langues. DELF

Étudier en Europe

Pourquoi ne pas profiter du cadre de vos études pour faire un séjour à l'étranger ? Cette expérience est toujours appréciée dans un curriculum vitæ.
De nombreux programmes d'échange entre établissements ou mis en place par les gouvernements permettent d'étudier chez nos voisins européens. Simple séjour linguistique ou année d'études, choisissez !
Toutefois, rien ne s'improvise : organisez-vous assez longtemps à l'avance et renseignez-vous sur la reconnaissance réciproque des diplômes.

Osez la VO !
Shakespeare, Goethe, Cervantès et Dante font des adeptes… Ce sont des milliers de jeunes Français, adultes, lycéens, collégiens ou étudiants qui tentent chaque année l'aventure en « version originale ».

Choisir son séjour

1. L'étudiant est accueilli dans une famille dont il partage la vie quotidienne pendant toute la durée du séjour. Aucune activité de groupe n'est prévue, ni cours, ni loisirs. Cette formule nécessite une certaine maturité et un bon niveau de connaissance de la langue.

2. L'étudiant est accueilli dans une famille dont il partage la vie quotidienne pendant toute la durée du séjour. L'étudiant a des devoirs à faire, ceux-ci étant régulièrement contrôlés à domicile par un enseignant.

3. L'étudiant est accueilli dans une famille dont il partage la vie quotidienne pendant toute la durée du séjour. Le matin est réservé aux cours et l'après-midi à des activités de loisirs, sportives ou culturelles. Les soirées et le week-end se passent avec la famille d'accueil.

4. Selon l'âge, l'hébergement se fait en collège, centre d'accueil, foyer ou résidence universitaire. Les cours sont généralement dispensés sur place ou à proximité.

5. La famille du jeune Français reçoit un jeune étranger du même âge. En retour, le jeune Français est accueilli par la famille étrangère, pour une durée égale et dans les mêmes conditions.

Comment s'organisent les cours ?

En général, après un test de langue, les élèves sont répartis en fonction de leur niveau. En général, les écoles de langues utilisent des textes et des documents audio-oraux. Certains organismes peuvent cependant utiliser des méthodes un peu plus originales : cours assistés par ordinateur, jeux de rôles…

À quoi servent les cours ?

Les organismes délivrent un certificat de stage qui peut renforcer un curriculum vitæ, après un stage linguistique. Certaines formations sont des remises à niveau ou encore un approfondissement de la langue pour les scolaires ou les professionnels. Certaines formations préparent aux tests nécessaires pour entreprendre des études à l'étranger.

Choisir son organisme

Le choix s'effectue en fonction de ce que l'on attend du séjour.

Le prix d'un séjour linguistique

Le prix des séjours est fixé librement. Un conseil : faire jouer la concurrence, ne pas hésiter à comparer les propositions de plusieurs organisateurs ! Un prix avantageux ne doit pas cependant nuire à la qualité des services offerts. Le nombre d'heures de cours ou d'élèves admis par classe ou une méthode d'enseignement particulière peuvent justifier certaines différences notables de prix.

Attention aux suppléments éventuels tels que : le prix du voyage, les coûts de déplacements locaux éventuels (du lieu de résidence au lieu des cours), l'assurance, les excursions et visites accompagnées, les activités sportives ou de loisirs, les repas pris à l'extérieur, etc.

D'après Centre d'information et de documentation jeunesse (CIDJ).
www.cidj.com

1 Lisez le chapeau du document ci-contre.

a Relevez :

1 les deux types de formations possibles à l'étranger : ....

....

2 les personnes à qui s'adressent ces formations : ....

....

3 les deux recommandations à suivre avant de partir : ....

....

b Expliquez le sens de la phrase suivante.

Ce sont des milliers de jeunes Français [...] qui tentent chaque année l'aventure en « version originale ».

....

....

....

2 Lisez la suite du document.

a Associez chacun des titres suivants à l'un des paragraphes de la rubrique *Choisir son séjour.*

1 En famille avec cours collectifs : ....

2 Échanges : ....

3 En famille sans cours : ....

4 Logement et cours collectifs : ....

5 En famille avec cours individuels : ....

b Repérez :

1 la manière dont les étudiants sont répartis dans les classes, quand il s'agit d'un cours collectif :

....

2 le type de document que l'on délivre aux étudiants à la fin de leur stage :

....

c Quels peuvent être les trois objectifs d'un séjour linguistique à l'étranger ?

....

....

....

d Relevez les différents éléments qui influent sur le prix d'un cours à l'étranger.

....

....

....

....

Écrire

15 Publicité mensongère. DELF

Séduit(e) par la publicité ci-dessous, vous vous êtes inscrit(e) dans cette école de langues pour un stage de quatre semaines. Malheureusement, la réalité est très différente de ce qui était annoncé.

À la fin de votre séjour, vous envoyez donc une lettre de réclamation au directeur du CAF pour obtenir un remboursement de votre stage. Vous pouvez reprendre le modèle proposé dans la leçon 4 du livre de l'élève, p. 19.

Venez apprendre le français
avec le Centre d'apprentissage du français

- des petits groupes de 5 à 8 personnes maximum ;
- 20 salles de classe spacieuses et lumineuses ;
- des prix intéressants : matériel pédagogique compris dans les frais d'inscription ainsi que toutes les excursions ;
- des activités culturelles : dégustation de vins, de fromages, cours de cuisine, visites, etc. ;
- une médiathèque pour étudier, consulter les journaux et magazines ou pour regarder la télévision française ;
- une cuisine où vous pourrez préparer et partager vos repas : thé, café et boissons fraîches sont disponibles gratuitement ;
- une situation géographique idéale : au cœur de la ville, l'institut bénéficie d'un accès très facile. L'école de langue est située à deux pas du centre-ville où sont rassemblés les cafés, restaurants, boutiques, cinémas et bibliothèques.

Avec le CAF, vous serez satisfait ou remboursé !

CAF – 2, place Stanislas – 54000 NANCY

16 Le petit prince du raï. DELF

Pour la sortie du troisième album de Faudel, jeune chanteur français d'origine algérienne, le magazine *Paroles et Musique* vous demande de résumer son parcours musical dans un court article (100 à 120 mots). Choisissez un titre et rédigez cet article.

1978	Naissance à Mantes-la-Jolie (France). Tous les étés en Algérie chez sa grand-mère, chanteuse de raï* traditionnel. À douze ans, il chante dans le groupe Les étoiles du raï.
1997	Sortie du premier album *Baïda.*
sept. 1998	Participation à *1, 2, 3 Soleil* à Bercy, le plus grand concert raï de l'année.
1999	Différents films pour la télévision et le cinéma.
2000	Préparation d'un deuxième album *Samra,* sorti en 2001.
fin 2003	Sortie d'un troisième album *Un autre soleil.*

*Mouvement musical, mélange de musiques populaires algériennes et de pop.

Unité 2

Et moi, et moi, et moi...

Grammaire — La place de la négation dans la phrase

1 Changement de vie.

Benoît et Marie viennent d'avoir des triplés. Un journaliste leur demande ce qui a changé dans leur mode de vie. Répondez aux questions de manière négative.

1 – Vous vous attendiez à avoir trois enfants ?

– Non, ...

2 – Est-ce que vous avez reçu des allocations ?

– Non, ...

3 – Madame, est-ce que vous travaillez toujours depuis l'arrivée des triplés ?

– Non, ...

4 – Vous avez déjà rencontré d'autres parents de triplés ?

– Non, ...

5 – Vous partez encore en vacances depuis les naissances ?

– Non, ...

6 – Quelqu'un vient vous aider de temps en temps pour s'occuper des enfants ?

– Non, ...

7 – Avez-vous le temps d'avoir des loisirs avec des triplés à la maison ?

– Non, ...

2 La ferme !

Lisez les contributions des internautes dans le forum page suivante *(Et vous, quel est votre avis sur les émissions de télé réalité ?)* et transformez les phrases pour leur donner un sens négatif.

1 ....

2 ....

3 ....

4 ....

5 ....

6 ....

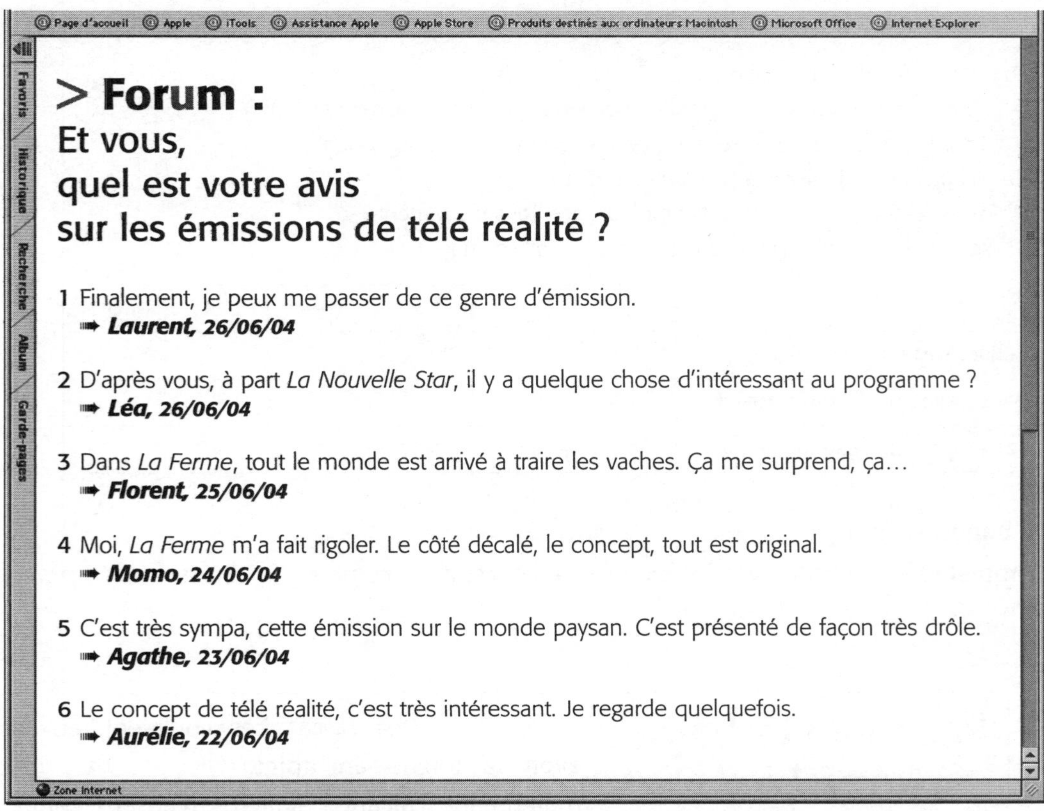

> Forum :

Et vous, quel est votre avis sur les émissions de télé réalité ?

1 Finalement, je peux me passer de ce genre d'émission.
➠ ***Laurent, 26/06/04***

2 D'après vous, à part *La Nouvelle Star*, il y a quelque chose d'intéressant au programme ?
➠ ***Léa, 26/06/04***

3 Dans *La Ferme*, tout le monde est arrivé à traire les vaches. Ça me surprend, ça…
➠ ***Florent, 25/06/04***

4 Moi, *La Ferme* m'a fait rigoler. Le côté décalé, le concept, tout est original.
➠ ***Momo, 24/06/04***

5 C'est très sympa, cette émission sur le monde paysan. C'est présenté de façon très drôle.
➠ ***Agathe, 23/06/04***

6 Le concept de télé réalité, c'est très intéressant. Je regarde quelquefois.
➠ ***Aurélie, 22/06/04***

3 Faits de société.

Mettez les énoncés au passé composé. Attention à la place de la négation !

1 Je ne comprends rien à cette histoire de *flashmobs*.

....

2 Après ça, il n'ose plus parler de cohabitation.

....

3 Tu ne regardes jamais ce genre d'émission ?

....

4 On ne croise jamais personne d'intéressant à ces soirées.

....

5 Ils ne parlent plus de la foire aux célibataires !

....

6 Dans cette revue, on ne trouve rien sur l'homme hypermoderne.

....

7 Elle ne peut pas souvent participer aux réunions de son club.

....

Grammaire — L'expression de la cause

4 Paroles de colocataires.

Dites ce que les phrases suivantes expriment.

1 Puisque vous ne voulez vraiment pas sortir, je n'insiste pas.
2 À cause de toi, l'ambiance a complètement changé dans l'appartement.
3 J'ai enfin la clé du garage à vélos grâce aux voisins. Qui veut un double ?
4 Je n'ai pas fermé l'œil de la nuit, à cause d'eux. Super !
5 Grâce à Samiha, on mange de la tarte au citron tous les samedis.
6 Puisque personne n'a rempli le frigo, il n'y a rien à manger !

	1	2	3	4	5	6
Cause évidente						
Cause avec un résultat positif						
Cause avec un résultat négatif						

5 La bague au doigt.

Complétez la publicité avec les expressions suivantes : ***comme – puisque – car – parce que – grâce à.***

Pourquoi la bague Nozatoo ?

.... les célibataires voulaient, eux aussi, avoir la bague au doigt. ...., jusqu'à maintenant, l'alliance était réservée aux couples, il fallait trouver une astuce pour les solos : c'est chose faite. Voici Nozatoo. Cette bague se met à la main droite .... cela évite les confusions. Nozatoo permet de se reconnaître entre personnes désireuses de rencontrer quelqu'un et de communiquer. .... son prix raisonnable (39 euros seulement), 6 000 solos portent déjà ce discret signe de ralliement. ...., en plus, elle est plutôt jolie, pourquoi s'en priver ?

6 Indépendances.

Composez des phrases avec les différents éléments comme dans l'exemple. Modifiez les phrases initiales si nécessaire.

► ***Exemple :*** *je vis encore chez mon père – je n'ai pas de boulot – comme*
→ *Comme je n'ai pas de boulot, je vis encore chez mon père.*

1 c'est trop cher – on ne va pas payer ta note de téléphone – parce que

....

2 j'ai des difficultés financières – je reste ici – à cause de

....

3 elle est célibataire – elle pense à la colocation – car

....

4 on va chercher en banlieue – les appartements sont trop chers ici – puisque

....

5 il doit aller habiter ailleurs – le propriétaire veut vendre – comme

....

6 j'ai fait des économies – je vais pouvoir déménager – grâce à

....

7 Choix de vie.

Observez les dessins et imaginez pourquoi ces personnes ont choisi la colocation. Utilisez chaque fois une expression de cause différente.

► *Exemple :* → ***Comme** je déteste la solitude, j'ai choisi de partager un appartement avec d'autres personnes.*

1 ....

....

....

....

....

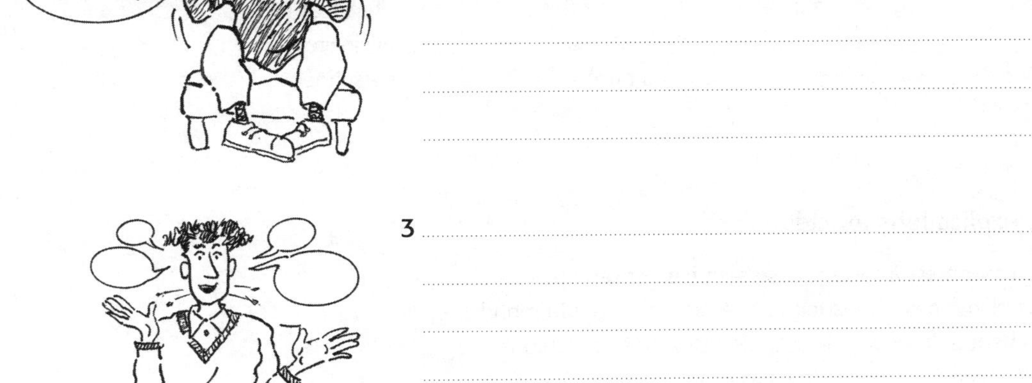

2 ....

....

....

....

....

3 ....

....

....

....

....

4 ....

....

Vocabulaire

8 Qui suis-je ?

Tout le monde me cherche, et quelquefois on me trouve. Pour savoir qui je suis, complétez la grille à l'aide des définitions.

1 contraire de marié(e)
2 copain, ami
3 avoir de bons rapports
4 partager un logement
5 exagération
6 chercher à séduire
7 tout ce qui n'est pas Paris

1 □□□□□■□□□□□□
2 □■□□
3 S'□■□□□□□□
4 □□■□□□□□□
5 ■□□□
6 □□■□□□□□□
7 □■□□□□□□

9 L'importun.

Trouvez l'intrus dans les groupes de mots suivants.

1 □ malaise	□ malentendu	□ trouble	□ gêne
2 □ instable	□ précaire	□ insoumis	□ changeant
3 □ se faire à	□ se mettre à	□ s'adapter à	□ s'habituer à
4 □ natif	□ issu	□ étranger	□ originaire
5 □ libre	□ intime	□ privé	□ personnel

10 Ça se dit.

Cochez les explications exactes.

□ **1** Entre solos, on est à l'aise : on se sent bien ensemble.
□ **2** Je ne le clame pas sur les toits : je le raconte à tout le monde.
□ **3** Il a vraiment du mal avec la solitude : c'est très douloureux.
□ **4** C'est très branché, ici : ce n'est pas vraiment à la mode.
□ **5** C'est une vieille fille : elle n'est pas mariée.
□ **6** Ils sont complètement accros : ils ne peuvent plus se passer l'un de l'autre.
□ **7** Il ne manque pas d'air : il exagère.

11 Cœurs à prendre.

Complétez l'article avec les mots suivants : *concentrer – âme – diplômées – étudiante – un studio – seules – ménages – aperçu – résultats – tendance.*

Qui n'a jamais rêvé de multiplier ses chances de rencontrer l' .... sœur ? Pour repérer des « gisements » de cœurs à prendre et réaliser la première carte de France des célibataires, la société Asterop, spécialisée en « géo-intelligence », a croisé des milliers de données de l'INSEE. Afin d'obtenir les .... les plus justes, seules les personnes qui se déclaraient à la fois célibataires, âgées de moins de 40 ans et vivant .... dans une commune de plus de 2 000 habitants ont été retenues. Ces chiffres nous donnent un bon .... de la réalité d'aujourd'hui, explique aussi Gérard Mermet, sociologue et directeur de *Francoscopie*, parce que *« la structure des* .... *colle au parc de logements qui, lui, évolue très lentement »*. Bref, les zones de célibataires ont .... à le rester, car .... reste un studio ! L'analyse fait d'ailleurs ressortir les villes à forte concentration .... Mais les cartes montrent également que les femmes célibataires, qui sont aussi les plus ...., ont tendance à se .... en centre-ville, alors que les hommes se répartissent plus volontiers en périphérie.

D'après *Le Nouvel Observateur*, n° 2060, mai 2004.

12 Un(e) de perdu(e)...

Voici des phrases dites par des personnes après une séparation. Remplacez les mots entre parenthèses par un mot commençant par *sur*, *super* ou *hyper*.

1 Son côté .... (excessivement intelligent) m'agaçait ! Je passais toujours pour un imbécile.

2 Il était toujours .... (agité, énervé) et, moi, j'aime le calme !

3 C'était toujours moi qui devait faire les courses dans les .... (grands magasins).

4 On était deux dans cet appartement et j'avais l'impression que c'était .... (plein de gens).

5 Tu comprends, moi, je suis une personne .... (qui bouge tout le temps) et lui était tout le contraire !

Comprendre

13 La vie par procuration. DELF

Happy end pour happy « Friends »

Le dernier épisode a été diffusé jeudi soir sur NBC et sur écran géant à L.A.

Les cris de la foule, les embrassades des six amis sur l'écran géant, le sourire de son chouchou[1], Joey : la blonde Laura pensait bien verser une larme lors de la diffusion de l'ultime épisode de la série *Friends* jeudi soir, après dix ans de succès. Elle a rejoint un millier de fans, agglutinés[2] dans la zone piétonne *Citywalk* des studios Universal à Los Angeles : à en croire NBC, la plus grande soirée publique en l'honneur d'une série aux États-Unis. *« Je voulais voir si Ross et Rachel allaient se remettre ensemble »*, s'excuse la jeune femme, accompagnée de sa mère et de sa tante. *« On ne peut pas parler de surprise, ajoute-t-elle : voilà dix ans que tout le monde connaissait la fin ! »*

Friends proposait une tribu urbaine d'amis en guise de substitut familial, d'où son attrait auprès des jeunes des grandes villes. Mais de nombreuses familles venues de lointaines banlieues de Los Angeles semblent s'être appropriées la série. Comme le dit une jeune femme d'origine mexicaine aux yeux rougis : *«* Friends *m'a aidée lors de moments difficiles, c'est sans doute pour cela que je suis triste ce soir. »*

De Hawaï à New York, des milliers de soirées *Friends* ont eu lieu jeudi soir dans des bars et des restaurants. Entre 30 et 40 millions de téléspectateurs ont regardé la dernière sur NBC au terme de plusieurs mois de tapage[3] médiatique. Les six acteurs de *Friends*, amis à la vie comme à l'écran, squattent[4] les couvertures de magazines depuis le tournage de la dernière en janvier aux studios Warner Bros à Los Angeles. Jeudi, ils se sont adonnés à des embrassades émues sur le plateau du *Tonight Show*, l'émission de fin de soirée de Jay Leno.

Certains vont jusqu'à redouter de voir le phénomène *Friends* prolongé ou décliné. Dans *USA Today*, la chroniqueuse Linda Kaplan Thaler conseille aux fans de *Friends* d'arrêter de *« vivre une McVie »*. Sa théorie ? *« La technologie moderne déverse des vagues d'informations 24 heures sur 24 et nous avons toujours plus à faire en de moins en moins de temps. Résultat : nous compressons nos expériences dans ce que j'appelle des McMoments. »* Cette directrice d'agence publicitaire ajoute : *« Au lieu de passer une vraie soirée avec de vrais amis, nous confions le soin à six étrangers de faire le travail pour nous. Nous passons du bon temps avec leurs liens profonds et leurs aventures romantiques qui n'en finissent jamais. Tout cela en moins de 30 minutes. »* Tasha Rassuli, une étudiante de l'Oregon, n'est pas de cet avis et déclare dans le journal de sa fac : « *Que Dieu bénisse Monica et Ross ! Avec* Friends, *j'ai enfin quelque chose de représentatif de ma génération dont je pourrai bassiner*[5] *un jour mes enfants.* »

Emmanuelle Richard, *Libération*, samedi 8 mai 2004.

1. *Son chouchou :* son (personnage) préféré. **2.** *Agglutinés :* réunis en masse. **3.** *Tapage :* bruit. **4.** *Squattent :* occupent *(style familier)*. **5.** *Dont je pourrai bassiner :* avec lequel je pourrai ennuyer *(style familier)*.

1 **Lisez l'article ci-contre. Relevez :**

a **la date de création de la série *Friends* :**

- ☐ 1992
- ☐ 1994
- ☐ 1996

b **le public à qui elle s'adresse en priorité :**

- ☐ les adolescents
- ☐ les familles avec des enfants
- ☐ les jeunes citadins

c **le thème de cette série :**

- ☐ l'histoire de six amis dans une grande ville des États-Unis
- ☐ la vie quotidienne des six membres d'une famille new-yorkaise
- ☐ le succès rencontré par six jeunes acteurs américains

2 **Repérez au moins trois éléments qui montrent que la diffusion du dernier épisode de la série a constitué un véritable événement.**

....

....

....

....

....

....

....

3 **Indiquez quelles sont, parmi les raisons suivantes, celles qui expliquent le succès de cette série.**

- ☐ **a** De nombreux téléspectateurs se reconnaissent dans les personnages de la série.
- ☐ **b** L'incroyable suspense concernant le dénouement de l'histoire.
- ☐ **c** Le sentiment, en regardant la série, de vivre des moments forts que nous n'avons plus le temps de vivre dans la réalité.
- ☐ **d** Dans la famille, la série s'adresse aussi bien aux jeunes enfants qu'à leurs parents.
- ☐ **e** L'attachement que les téléspectateurs portent aux personnages de la série.

4 **Expliquez ce que signifient les expressions *une McVie* et *des McMoments*, pour la chroniqueuse Linda Kaplan Thaler, et ce à quoi elles font référence.**

....

....

....

....

....

....

....

Écrire

14 Fan de... DELF

Fan de la série *Friends*, vous aimeriez rejoindre le fan club français de la série télévisée.

Envoyez un courriel aux responsables de ce fan club et demandez-leur :

– quelle est la démarche à effectuer pour devenir membre du club ;
– si des rencontres entre fans sont régulièrement organisées ;
– si une soirée spéciale est prévue, en France, pour le dernier épisode de la série ;
– à partir de quand on pourra se procurer l'intégralité des DVD, en version originale sous-titrée.

Objet :

15 Coup de foudre. DELF

Une des personnes avec qui vous avez dialogué pendant un *speedating* vous a laissé ses coordonnées. Envoyez-lui une lettre pour lui parler un peu plus longuement de vous, de ce que vous attendez d'un homme ou d'une femme dans la vie et pour lui proposer de vous revoir.

Unité 3

Jean qui rit, Jean qui pleure

Grammaire — L'expression de la comparaison

1 Encore en grève !

Indiquez ce qu'expriment les énoncés suivants, entendus lors d'un jour de grève.

1 S'ils se mettent en grève, c'est nous qui souffrirons le plus !
2 On entend de moins en moins parler de service minimum.
3 Il y a autant ou moins d'embouteillages qu'hier ?
4 Si vous voulez y aller plus rapidement, achetez un vélo.
5 La grève est un peu moins suivie que la dernière fois.
6 Le nombre de grévistes est inférieur aux prévisions des syndicats.
7 C'est de plus en plus énervant, ces grèves sauvages !

La comparaison d'une quantité	....
La comparaison d'une qualité	....
La comparaison nuancée	....
L'évolution	....
Le classement	....

2 C'est nettement mieux.

Comparez les éléments comme dans l'exemple.

► *Exemple : louer une voiture – louer un vélo (économique)*
→ *Louer une voiture, c'est nettement moins économique que louer un vélo !*

1 rester chez soi – aller au travail (agréable)

....

2 faire du vélo – faire des rollers (fatigant)

....

3 jour de grève – jour sans grève (embouteillage)

....

4 faire du stop – avoir recours au covoiturage (risque)

....

5 le bus – le métro (rapide)

....

6 prendre un taxi – prendre le RER (cher)

....

3 Faites de la musique !

Lisez le communiqué de presse et complétez le texte avec les expressions suivantes : ***le plus – comme – autant… que – aussi – plus de – supérieur à.*** **Une expression est utilisée deux fois.**

AMBASSADE DE FRANCE EN BIÉLORUSSIE
Service de presse
N° 14/2003

Minsk, le 11 juin 2003.

COMMUNIQUÉ DE PRESSE

Fête de la musique en Biélorussie

Dans le cadre de la huitième édition de la Fête de la musique en Biélorussie, l'Ambassade de France en République de Biélorussie organise cette année, ... l'année précédente, deux manifestations dans la ville de Minsk.

Lancée en France, en 1982, par le ministre français de la Culture Jack Lang, la Fête de la musique est devenue rapidement une fête européenne, puis internationale. C'est aujourd'hui une grande manifestation populaire présentée dans .... cent pays, le 21 juin de chaque année, date du solstice d'été. Cette fête est consacrée à la musique sous toutes ses formes, du classique au rock, des musiques traditionnelles à la techno. Toutes les manifestations sont gratuites, qu'elles aient lieu dans les salles ou en plein air et les musiciens sont invités à se produire bénévolement. Témoignage de la vitalité de la pratique musicale, la Fête de la musique appartient .... aux milliers de musiciens qui y participent .... aux millions de personnes de tous les âges et de toutes les catégories sociales qui constituent .... curieux et .... disponible des publics.

Souhaitons un grand succès à cette fête : un public .... celui de l'année précédente et des musiciens et un public .... heureux.

D'après Ambassade de France à Minsk, Biélorussie.

4 C'est moi le meilleur !

Lisez les portraits ci-dessous puis formulez des comparaisons entre les deux caractères.

Les râleurs

Vous vous entendez bien, au bureau, avec Fred. Vous avez même accepté de partager sa voiture pour aller au week-end organisé par l'entreprise. Fred est content de sortir sa nouvelle BM[1]. À peine sur l'autoroute, vous vous apercevez qu'il ne tient pas compte des limitations de vitesse. Il se moque même de vous : « Quel trouillard ! » Il aime aussi insulter le conducteur devant et le coller au plus près. À ce rythme, vous voilà déjà à l'hôtel. Fred vient frapper à votre porte : « Tu as vu la chambre ? C'est grand comme un placard à balais ! Vu le prix qu'ils demandent, je vais réclamer à la réception ! » Prudent, vous restez en haut de l'escalier. On passe à table. Fred hésite, se fait expliquer tous les plats et choisit une assiette de crudités « mais sans sauce ! ». Vous osez à peine commander le menu « terroir » à 15 euros de peur de passer pour un goinfre !

1. *BM* : BMW.

Les gens comme vous

Ah ! Les gens comme vous ! Si tout le monde était comme vous !

Charmant, toujours de bonne humeur, toujours prêt à rendre service, enthousiaste, un mot gentil pour chacun : « Il faudra me donner le nom de votre coiffeur. » Conducteur exemplaire, jamais un accident, toujours aimable, jamais critique, même ce week-end. Jamais condescendant : « On ne peut pas être tous doués ! » Sans parler de votre humour, si fin, si subtil et qui fait rire tout le monde lors des repas entre collègues... Vraiment, Pascal, qu'est-ce qu'on ferait sans vous dans cette boîte ?

....

....

....

....

....

....

....

....

....

....

Grammaire — La place des doubles pronoms

5 Paroles d'usagers.

Répondez en utilisant l'impératif et le pronom correspondant à l'élément souligné.

► *Exemple : – Je vous donne le numéro pour les taxis ?*
*→ – Oui, **donnez-moi** le numéro.*

1 – Je t'appelle un taxi pour midi ?

– ....

2 – Je demande à Luc de t'accompagner ?

– ....

3 – Je me joins à vous pour la manif ?

– ....

4 – Je réfléchis à cette histoire de service minimum ?

– ....

5 – Je retourne en vitesse au guichet ?

– ....

6 – J'annonce la bonne nouvelle aux autres usagers ?

– ....

7 – Je te raconte ma journée perdue dans les transports ?

– ....

6 Vous y avez pensé ?

Quand on organise une soirée entre amis, mieux vaut ne rien oublier. Vérifiez que tout est prêt. Répondez aux questions en utilisant deux pronoms.

1 – Vous avez parlé de la soirée aux autres habitants de l'immeuble ?

– Oui, je ....

2 – Vous avez envoyé l'invitation à votre nouveau collègue ?

– Oui, je ....

3 – Vous avez demandé un tire-bouchon supplémentaire à votre ami Oscar ?

– Oui, je ....

4 – Vous avez emprunté des chaises à la voisine ?

– Oui, je ....

5 – Vous avez montré le plan pour venir chez vous à vos invités ?

– Oui, je ....

6 – Vous avez suggéré à votre mère de ne pas vous téléphoner ce soir-là ?

– Oui, je ....

7 À propos de la fête.

Transformez les phrases comme dans l'exemple.

► ***Exemple*** *: Recommande-nous le meilleur endroit pour s'amuser. → Recommande-**le-nous** !*

1 Envoie-leur les invitations sans tarder. → ....

2 Sois sympa, laisse-moi la place à côté de lui. → ....

3 Parle-nous de ton idée de cadeau. → ....

4 Donne-lui encore un peu de champagne. → ....

5 Promets-moi de tout me raconter demain. → ....

8 Expériences en France.

Complétez les phrases avec des doubles pronoms.

1 J'avais toujours eu envie de participer à un réveillon français. Une famille française .... a convié. C'était sympa, mais j'ai trop mangé ! *(Carole, 38 ans canadienne)*

2 Le premier jour, je n'avais pas de monnaie pour prendre le bus. Heureusement, une dame .... a donné. *(Zu Juan, 19 ans, chinoise)*

3 Avant de venir, il espérait habiter avec une famille française pour parler davantage. Malheureusement, on ne .... a pas proposé. *(Stéphanie, 23 ans, américaine)*

4 Les autres étudiants ne savaient pas encore que l'excursion était reportée. Il fallait .... parler. *(Klaus, 30 ans, allemand)*

5 Le jour de l'inscription, la secrétaire nous a demandé des photos d'identité. Alors, le lendemain, nous .... avons apportées. *(Steven, 21 ans, anglais)*

6 Les professeurs nous ont tout de suite demandé de parler français le plus possible. On .... a promis. *(Nicholas, 26 ans, irlandais)*

Vocabulaire

9 Familles de mots.

Complétez le tableau comme dans l'exemple.

Adjectifs	Verbes	Noms se terminant en *-ité* ou *-age*
► *libre/libéral(e)*	*libérer*	*liberté*
1	égaliser	....
2	créer	....
3	métisser	....
4	chômer	....
5	(se) solidariser	....

10 Faisons la fête.

Associez chaque événement à sa définition.

1 Marché sur lequel on trouve des objets anciens.
2 Repas où les convives changent de lieu régulièrement.
3 Déplacement de personnes qui marchent les unes derrière les autres.
4 Fête, souvent en plein air, avec des stands, des jeux, des buvettes.
5 Fusées lumineuses et colorées qui explosent dans le ciel.
6 Fête de rue où les gens se déguisent. On y voit aussi des chars.

a un défilé
b un carnaval
c une brocante
d un feu d'artifice
e une kermesse
f un dîner nomade

11 Commentaires.

Lisez les commentaires des habitants du quartier puis reformulez-les en passant de l'adjectif souligné au nom.

▶ ***Exemple :*** *Je trouve que les voisins ont été très solidaires.*
→ *Je trouve que les voisins* ***ont fait preuve de solidarité****.*

1 On pense que cette manifestation spontanée a été productive.

....

2 Les loyers restent stables ; c'est une bonne nouvelle !

....

3 Ce bâtiment est authentique ? On peut en douter.

....

4 On constate que les gens sont passifs face à ce problème de stationnement.

....

5 La rue est complètement bloquée, ça énerve tout le monde.

....

6 On a vu des maisons très variées ici, c'est assez surprenant.

....

12 Ça veut dire quoi ?

Lisez les énoncés et cochez la phrase synonyme.

1 C'est chacun pour soi.
- ☐ **a** L'individualisme est la règle
- ☐ **b** On travaille pour tout le monde.

2 J'ai la honte !
- ☐ **a** Quel scandale !
- ☐ **b** Quelle humiliation !

3 On taille une bavette.
- ☐ **a** On mange de la viande.
- ☐ **b** On discute.

4 Ça a fait école, cette fête.
- ☐ **a** C'est devenu très populaire.
- ☐ **b** C'est une fête à l'école.

5 Il a perdu sa journée.
- ☐ **a** Aujourd'hui, il n'a rien fait.
- ☐ **b** Il ne retrouve plus son agenda.

6 Ça crée des liens.
- ☐ **a** Ça s'attache comme ça.
- ☐ **b** Ça rapproche les gens.

7 Ce n'est pas son genre.
- ☐ **a** Ce n'est pas dans ses habitudes.
- ☐ **b** C'est féminin ou masculin.

Comprendre

13 Divergences. DELF

1

Pour que grève ne rime plus avec galère,

exigeons un service minimum dans les services publics.

Cela fait plusieurs semaines que ça dure et, cette fois-ci, la coupe est pleine ! Réveils aux aurores, embouteillages interminables, marches à pied forcées, gares et quais de métros bondés, courriers retardés, écoles fermées, examens boycottés, entreprises au bord de la faillite, voilà à quoi ressemble le quotidien de bon nombre de Français, otages d'une poignée de professionnels de la grève.

Ces méthodes irresponsables et dangereuses, souvent à la limite de la légalité, ne doivent plus être tolérées.

L'instauration d'un service minimum dans l'ensemble des services publics (transport, poste, écoles...), lors des jours de grève, n'est donc plus seulement une nécessité mais bien une véritable urgence.
Cette mesure, qui est déjà la règle chez la plupart de nos voisins européens, a souvent été évoquée mais n'a malheureusement jamais été appliquée dans notre pays.
Le temps est venu de remédier à ce manque et de mettre un terme à l'égoïsme corporatiste des syndicats. Pour cela, faites vous entendre en signant la pétition nationale lancée par « Stop la grève ».

Pour un véritable service public au service des usagers, instaurons un service minimum maintenant !

www.stoplagrève.com

2

Ce ne sont pas les grèves des cheminots qui sont la cause des tracas quotidiens subis par les usagers mais le démantèlement progressif du service public, la diminution des crédits affectés à la sécurité. [...] La droite et une grande partie des médias ont depuis longtemps galvaudé une expression : « les usagers pris en otage ». Non, quand les cheminots font grève, ils ne prennent pas le public en otage, ils défendent une liberté fondamentale écrite dans notre constitution : le droit de grève. [...] Quand les salariés font grève, ce n'est jamais pour leur plaisir, c'est pour améliorer leurs conditions de vie et de travail, pour optimiser le service public. Ce n'est donc pas en instaurant un service minimum que l'on rendra service aux usagers mais en traitant à la racine les causes des conflits.

Extrait de l'intervention de Noël Mamère, député de Gironde, le 9 décembre 2003 à l'Assemblée nationale.

3

Tous les sondages réalisés depuis dix ans indiquent que plus de 80 % des Français sont favorables à une continuité de service dans les transports. [...] Il n'est pas normal que 3 à 5 % des salariés puissent bloquer un service public toute une journée.

Christian Blanc, député des Yvelines, *60 Millions de consommateurs*, 01/04/2004.

4

Je suis respectueux du droit de grève mais je considère qu'on ne peut pas paralyser une région comme la nôtre avec les dégâts que cela entraîne pour des centaines de milliers d'usagers.

Jean-François Copé, conseiller régional d'Ile-de-France, *Métro*.

5

L'opinion française demande très majoritairement le respect du droit des usagers à la continuité du service public. L'usager français des services publics de transport est, en effet, le moins protégé de toute l'Union européenne. Les parlementaires ont fait des propositions pour à la fois prévenir les conflits et mettre en place un service garanti. Le moment est venu, à la lumière de l'expérience des autres pays européens, de faire l'inventaire de toutes les solutions possibles.

Jacques Barrot, député de Haute-Loire, *Le Figaro*, 09/12/2003.

1 Lisez le document ci-contre.

a Dites de quel type de document il s'agit.

☐ un éditorial ☐ un manifeste ☐ un extrait de discours politique ☐ une publicité

b Indiquez quel événement a provoqué la rédaction de ce document.

....

2 Lisez à nouveau le document 1.

a Relevez les mots ou expressions équivalant aux définitions suivantes.

1 Une expérience vraiment pénible : ....

2 Ça suffit ! ....

3 Un petit groupe : ....

b Indiquez quelles phrases du document expriment :

1 une comparaison : ....

....

2 l'utilité de la mesure proposée : ....

....

3 une revendication : ....

....

4 les conséquences de la grève : ....

....

c Lisez les témoignages suivants et associez-les à l'une des conséquences évoquées dans le document.

1 Moi, j'en ai marre de me lever à 5 heures tous les matins à cause de quelques grévistes irresponsables. *(Juliette, comptable)*

....

2 Il m'a fallu trois heures pour rentrer chez moi en voiture, hier soir ! Trois heures ! *(Antoine, ouvrier)*

....

3 Si ça continue, on va être obligés de mettre la clé sous la porte ; cette grève a des conséquences dramatiques pour les petites boîtes comme nous ! *(Sarah, chef de produit)*

....

3 Lisez les opinions exprimées dans les documents 2 à 5 ci-contre.

a Relevez le point commun entre chacune des personnes interrogées.

....

b Dites si chaque personne est pour ou contre l'instauration du service minimum dans le secteur public.

1 Noël Mamère ☐ pour ☐ contre

2 Christian Blanc ☐ pour ☐ contre

3 Jean-François Copé ☐ pour ☐ contre

4 Jacques Barrot ☐ pour ☐ contre

4 a Lisez à nouveau les opinions des partisans du service minimum. Relevez les énoncés qui reprennent les arguments du document 1.

b Lisez à nouveau l'opinion de la personne opposée à l'instauration d'un service minimum. Indiquez si cette personne est politiquement à droite ou à gauche. Justifiez votre réponse.

c Relevez quelle est, selon cette personne :

1 la raison du mécontentement des usagers :

2 le but de la grève des cheminots :

3 l'argument qui montre que la grève n'est pas à la limite de la légalité, comme le déclare le document 1 :

Écrire

14 Le droit de grève en question. DELF

Afin d'élargir le débat sur l'instauration d'un service minimum dans le secteur public, le journal *Le Monde* décide de donner la parole à ses lecteurs étrangers.

Adressez une lettre au courrier des lecteurs du journal en comparant la situation en France avec celle de votre pays et en donnant votre opinion sur ce sujet.

.../...

.../...

15 Réagissons !

Une rencontre de jeunes groupes de rock a lieu chaque année dans votre quartier. Cette rencontre dure une semaine et apporte selon vous de nombreuses nuisances à l'environnement local (bruit, manque de propreté, insécurité, etc.). Avec quelques habitants du quartier, vous décidez de rédiger une pétition pour que la municipalité mette un terme à cette rencontre annuelle.

Rédigez un manifeste à la manière de www.stoplagrève.com, dans l'exercice 13, p. 30.

Unité 4

Si jeunesse savait, si vieillesse pouvait

Grammaire | Les pronoms relatifs simples et composés

1 Fin du jeunisme.

Lisez l'extrait d'interview et complétez le texte avec des pronoms relatifs simples et composés.

Professeur en sciences de la communication à l'Université de Lyon II, Serge Guérin, auteur du *Boom des seniors*, nous explique pourquoi le jeunisme est démodé.

Que pensez-vous du marketing et de la publicité vis-à-vis des seniors ?

Les publicitaires ont une opinion dépassée. Ils n'ont pas conscience d'une révolution importante dans la population, ... est l'augmentation du nombre des seniors avec des habitudes de consommation .... ne ressemblent plus à celles .... nous connaissions. Il ne faut pas oublier ce .... disait Aragon : « C'est avec de jeunes sots[1] .... on fait de vieux cons[2] ! »

Qu'est-ce que le jeunisme ?

La culture du jeunisme fait partie d'une idéologie réactionnaire, dans .... on retrouve des idées du nazisme. C'est le refus de la différence. Ceci mène à un apartheid entre générations, ... est défavorable à l'équilibre économique. On a ainsi expulsé des entreprises les seniors .... participaient largement à la compétitivité. On s'est privés de leurs connaissances et de leur expérience grâce .... une entreprise se développe. Regardez les pays nordiques .... des seniors sont placés à la vente dans les magasins de jouets.

La vieillesse n'est donc plus un naufrage ?

En vieillissant, les désirs évoluent mais ils sont toujours aussi intenses. Dans certaines activités, l'âge constitue un avantage .... on devrait tenir compte. D'ailleurs, pour moi, le marketing n'est pas une fonction obligatoirement jeune car cela demande des compétences .... les seniors possèdent souvent.

1. *Sots :* imbéciles. **2.** *Cons :* idiots *(style familier)*.

2 Signes de vieillissement.

Pour retrouver les impressions dues au vieillissement, transformez en employant un pronom relatif simple ou composé.

▶ ***Exemple :*** *J'ai compris ce jour-là ; on m'a dit que je devrais porter des lunettes.*
→ *J'ai compris le jour où on m'a dit que je devrais porter des lunettes.*

1 Depuis que je suis à la retraite, je m'occupe d'une association ; grâce à cette association, je reste actif.

2 J'hésite à aller au concert de Patti Smith ; j'ai pourtant une grande admiration pour elle.

3 On revoit des copains d'école. On n'ose pas leur dire qu'ils ont pris un coup de vieux.

4 Mon vieil ordinateur Atari est à la cave ; il y dort depuis des années.

5 J'ai retrouvé une photo d'enfance ; sur cette photo, je dois avoir deux ou trois mois seulement.

6 Je n'arrive pas à m'habituer à cette idée ; les jeunes du quartier m'appellent « madame » !

7 On a écouté un CD de rap ; je n'ai pas compris les paroles.

3 Anti-âge ?

Entourez le pronom relatif qui convient.

Anti-âge

est une crème (que – qui) a une texture veloutée.

C'est un soin anti-âge (dont – que) vous ne pourrez plus vous passer.

Ce produit apporte une sensation de fraîcheur (qui – où) se prolonge 24 heures.

Anti-âge est doté d'un filtre solaire grâce (auquel – à qui) vous êtes protégée.

La peau sur (qui – laquelle) vous appliquez la crème doit être nettoyée.

Anti-âge est une crème (qui – que) vous ne pouvez comparer à aucune autre.

UNITÉ 4

Grammaire — L'usage du conditionnel

4 Avec des si…

Lisez les phrases suivantes et indiquez ce qu'elles expriment.

	Souhait	Suggestion	Regret	Hypothèse
1 Si je l'avais su avant, je n'aurais pas perdu mon temps.	☐	☐	☐	☐
2 Vous pourriez parler des problèmes de racisme avec eux.	☐	☐	☐	☐
3 Ils voudraient bien transformer la société, mais comment ?	☐	☐	☐	☐
4 Vous pourriez peut-être les aider, discrètement.	☐	☐	☐	☐
5 Si c'était possible, tu partirais avec Handicap international ?	☐	☐	☐	☐
6 On aimerait vraiment que cela change, une fois pour toutes !	☐	☐	☐	☐

5 Paroles de papys.

Conjuguez les verbes aux temps et aux modes qui conviennent.

1 Si on ……………… (parrainer) tous un enfant, cela ……………… (réduire) les conflits entre générations.

2 Il ……………… (falloir) peut-être qu'on se décide à leur parler, à ces jeunes !

3 Moi, je trouve qu'ils manquent de civisme. On ……………… (pouvoir) le leur enseigner à l'école !

4 J' ……………… (aimer) adhérer à cette association, mais c'est trop tard, elle est dissoute.

5 Si tous les papys et toutes les mamies s'y ……………… (mettre), ça ……………… (changer), non ?

6 Ce ……………… (être) bien si on ……………… (arrêter) de parler de la vieillesse !

6 L'union fait la force.

1 Vous habitez à Courçay. Vous écrivez à un ami pour lui expliquer ce qui serait différent si l'association Vivre ensemble à Courçay n'existait pas. Lisez l'article et continuez la lettre.

VIVRE ENSEMBLE À COURÇAY :
Pour le bien de tous

Grâce à l'association Bien vivre ensemble, la vie des habitants du paisible village de Courçay a beaucoup changé. Un groupe d'habitants dynamiques de tous les âges a su redonner vie à cet endroit charmant mais un peu trop paisible. Voici les initiatives qui se sont concrétisées depuis que l'association a été créée :

➡ un jeune boulanger s'est enfin installé avec sa famille ;

➡ une salle est prêtée par la mairie pour que les habitants se retrouvent autour de jeux de société ;

➡ l'école a ouvert une nouvelle classe pour les enfants de primaire ;

➡ chaque famille parraine un ancien du village et s'engage à lui rendre visite au moins une fois par semaine ;

➡ une aire de pique-nique a été aménagée au bord de la rivière ;

➡ les jeunes du village ont organisé une collecte pour envoyer des médicaments dans un pays du tiers-monde.

Il est aussi prévu d'installer une guinguette au bord de l'eau et de créer un club de canoë l'été prochain. Tout ceci grâce aux membres très actifs de cette association.

Si Vivre ensemble à Courçay n'avait pas été créée, ...

**2 En tant que membre de l'association, vous avez un projet pour le village.
Présentez votre projet aux autres habitants et expliquez ce qui pourrait changer s'il était accepté.**

▶ ***Exemple :*** *Création d'un centre artisanal (être possible – il)*
→ Si nous avions un centre artisanal, il serait possible de faire connaître et de vendre aux touristes les objets que nous savons fabriquer.

1 Ouverture d'un club de sport (pouvoir – les jeunes)

2 Création d'un café coopératif (se rencontrer – les habitants)

3 Construction d'une salle des fêtes (organiser – nous)

4 Achat d'un équipement pour le cinéma en plein air (proposer – les associations)

5 Restauration de la place de l'Église (préparer – le village)

6 Remplacement du matériel informatique (accepter – la mairie)

Vocabulaire

7 Finissons-en !

Terminez les phrases à l'aide des expressions suivantes : *avoir la cote – ne pas faire son âge – avoir du savoir vivre – s'en sortir – afficher une soixantaine alerte – avoir droit à l'erreur.*

1 C'est ta mère ? Je croyais que c'était ta sœur, ……………………………

2 Elle n'a pas peur de dire son âge : ……………………………

3 Après tous ces problèmes, elle a réussi à ……………………………

4 Fais un peu attention aux autres ! ……………………………

5 Je peux me tromper, non ? ……………………………

6 Il a du succès avec tout le monde : ……………………………

8 Le bon mot.

Complétez la grille des mots croisés à l'aide des définitions. Si nécessaire, reportez-vous aux leçons 13 et 14 du livre de l'élève, p. 46-49.

1 Forte admiration pour quelqu'un ou quelque chose.
2 Le contraire de *vieillesse*.
3 Synonyme de *personne âgée*.
4 Refus de quelqu'un ou de quelque chose.
5 Opposition, affrontement.
6 Inévitable.
7 Attitude qui consiste à rejeter le vieillissement.
8 Ensemble des personnes ayant à peu près le même âge.

9 Tout et son contraire.

1 Complétez par = ou ≠ selon que les termes sont synonymes ou opposés.

1 identique …… similaire
2 superficiel …… profond
3 pertinent …… adapté
4 primordial …… majeur
5 radin …… généreux
6 tyrannique …… despotique
7 réactionnaire …… progressiste

2 Identifiez les adjectifs correspondant au dessin et faites une phrase pour décrire la situation.

……………………………
……………………………
……………………………

✳ 10 Plus ou moins ?

Classez les verbes suivant dans le tableau, selon ce qu'ils expriment.

progresser – diminuer – se développer – réduire – se stabiliser – augmenter – se multiplier – baisser – se maintenir – s'allonger.

–	=	+
diminuer	se stabiliser	progresser
réduire	se maintenir	se développer
baisser		aumenter
		se multiplier
		s'allonger

11 À la Une.

Pour retrouver les titres des articles, remplacez les expressions soulignées comme dans l'exemple.

▶ ***Exemple :*** *Des associations de seniors pour améliorer les contacts entre générations. (riche)*
→ Des associations de seniors pour ***enrichir*** *les contacts entre générations.*

1 Relations intergénérations : les échanges rendent la vie plus agréable. (belle)

....

2 Les jeunes montrent de nouveau de la confiance en l'avenir. (optimiste)

....

3 Les marques étendent leurs campagnes publicitaires à l'intention des seniors. (large)

....

4 Les jeunes ne semblent plus croire en la politique et affichent de plus en plus leurs doutes à l'égard des promesses électorales. (sceptique)

....

....

5 L'espoir dans un avenir meilleur diminue chez les 20-35 ans. (faible)

....

6 Les spécialistes décrivent sombrement les perspectives d'avenir. (noir)

....

7 Les jeunes ne montreraient plus de fierté envers leur pays. (patriote)

....

8 Selon une enquête BVM, bon nombre d'entreprises dénoncent le manque de professionnalisme des jeunes diplômés. (amateur)

....

....

Comprendre

12 **Le conflit des générations.** DELF

Les trentenaires victimes des babys-boomers ?

Leurs aînés sont les bénéficiaires des Trente Glorieuses[1]. Eux n'ont presque connu que les années de crise, les Vingt Piteuses, et en ont assez d'être toujours perdants. D'où la tentation d'en rendre responsables les premiers. La question divise, au-delà des générations.

Les uns ont été gâtés[2] par le sort. Ce sont les baby-boomers, rejetons[3] des Trente Glorieuses. Jobs à gogo[4], salaires et pouvoir d'achat ascensionnels, libération sexuelle : ils ont tout eu. « Ce fut une génération privilégiée par l'Histoire comme aucune autre avant elle, ni après elle », observe Jean-François Sirinelli, directeur du Centre d'histoire de l'Europe du XXe siècle, à Sciences-Po. « Même si 20 % d'entre eux seulement ont fait des études supérieures, leur insertion sur le marché du travail a été facile dans un contexte de plein-emploi. »

Les autres ont été malmenés[5] par le destin. Ce sont les trentenaires, nés avec les Vingt Piteuses, les années de crise économique et de chômage qui ont suivi le premier choc pétrolier. Récession, précarité, rémunérations en berne[6], sida : rien ne leur a été épargné. Le sociologue – et trentenaire – Louis Chauvel, auteur du *Destin des générations* (PUF), relève une rupture entre ses contemporains et leurs aînés. « En 1982, observe Chauvel, l'âge moyen du représentant politique et syndical était de 45 ans. Au début du XXIe siècle, il est passé à... 59 ans ! » Dans les travées de l'Assemblée nationale, où l'âge moyen est de 55 ans et demi, on dénombre en tout et pour tout 27 élus de moins de 40 ans sur 577...

Les jeunes favorisés d'hier sont donc devenus les seniors tout-puissants et gâtés d'aujourd'hui. Pis[7], ils auraient la haute main sur des réformes (retraites, Sécurité sociale) dont ils ne supporteront pas les plus lourdes conséquences. Entre trentenaires et baby-boomers s'est ouvert un fossé d'incompréhension. De là à décréter les plus âgés responsables, voire coupables, de l'infortune de leurs cadets[8], il y a un pas. Faut-il le franchir ? La question divise. À l'intérieur même des générations.

Anne Vidalie, *L'Express*, 10/05/2004.

1. *Les Trente Glorieuses :* cette expression désigne les trente années de développement économique qui se situent entre la fin de la Seconde Guerre mondiale et 1973, année du choc pétrolier et début de la récession. Ces trente années sont suivies par vingt années de crise, les Vingt Piteuses. **2.** *Gâtés :* favorisés. **3.** *Rejetons :* enfants. **4.** *À gogo :* en abondance. **5.** *Malmenés :* bousculés. **6.** *En berne :* bloquées (à cause de la crise). **7.** *Pis :* pire encore. **8.** *Cadets :* personnes plus jeunes.

1 Lisez l'article ci-contre.

a Précisez de quelle(s) tranche(s) d'âge il est question.

- ☐ les 0-15 ans
- ☐ les 15-20 ans
- ☐ les 20-30 ans
- ☑ les 30-40 ans
- ☐ les 40-50 ans
- ☑ les 50 ans et plus

b Choisissez la phrase qui résume le mieux le point de vue de la journaliste.

- ☐ **1** Les plus âgés des Français sont à l'origine de la mauvaise situation économique actuelle.
- ☐ **2** Les jeunes Français reprochent à leurs aînés leur égoïsme.
- ☑ **3** Les seniors sont-ils responsables des années de crise actuelle ? La question reste posée.

2 Lisez à nouveau l'article.

a Indiquez à quelle génération correspondent les phénomènes de société suivants.

		Les seniors	Les jeunes	On ne sait pas
1	un nombre important de demandeurs d'emploi	☐	☑	☐
2	des rémunérations toujours croissantes	☑	☐	☐
3	a diminution du temps de travail	☐	☐	☑
4	le recul économique	☐	☑	☐
5	une crise des valeurs familiales	☒	☐	☑
6	des offres d'emploi en quantité importante	☑	☐	☐
7	un blocage des salaires	☐	☑	☐
8	une hausse de la consommation	☑	☐	☐
9	une situation professionnelle instable	☐	☑	☐
10	un fort pourcentage de diplômés de l'enseignement supérieur	☐	☑	☑

b Relevez les adjectifs qui caractérisent :

1 les seniors : privilégiée, puissants, gâtés, bénéficiaires, favorisés, responsables, coupables

2 les jeunes d'aujourd'hui : malmenés, victimes, perdants.

3 a Relevez, dans le texte, deux informations qui montrent le vieillissement de la classe politique.

- En 1982 l'âge moyen du représentant politique était de 45 ans.
- Pour tout 27 élus de moins de 40 ans sur 577.

b Expliquez pourquoi le vieillissement des hommes politiques est présenté ici comme un problème.

Parce qu'il y a un fossé entre les générations. - un fossé d'incompréhension.

Écrire

13 Halte au jeunisme ! DELF

Président(e) de l'association Planète Seniors, vous êtes sollicité(e) par un magazine pour rédiger un article sur la manière dont les personnes âgées sont perçues, en France.

En vous appuyant sur les documents proposés dans les leçons 13 et 14 du livre de l'élève, p. 46-49, écrivez un article de 200 mots environ.

POINT DE VUE

14 Si jeunesse savait…

Votre petit-fils de dix-huit ans vient d'échouer à son baccalauréat parce qu'il n'a pas été assez sérieux durant l'année scolaire.

Envoyez-lui une lette dans laquelle :
– vous manifestez votre déception ;
– vous lui faites des reproches sur son manque de sérieux ;
– vous parlez de votre propre expérience : faute de diplômes, vous n'avez pas choisi le métier que vous avez exercé ;
– vous lui donnez des conseils pour l'année suivante.

Unité 5

De l'utile à l'agréable

Grammaire — Le subjonctif

1 Insécurité sociale.

Lisez les phrases suivantes et indiquez ce qu'elles expriment.

1 Je voudrais bien que ces contrats soient enfin signés !
2 Il faut absolument qu'on vérifie les comptes de l'entreprise.
3 Ils ont peur que vous les licenciez dans six mois.
4 Je ne pense pas qu'ils puissent te virer comme ça ; c'est illégal.
5 Il est indispensable que tu leur envoies une lettre de protestation.
6 On aimerait que ces stagiaires obtiennent un CDD après leur stage.
7 Il est à craindre que cette entreprise soit délocalisée en Asie.

Une obligation	Un souhait	Un doute	Une crainte
....	....	....	....

2 Au placard !

1 Voici quelques témoignages d'internautes. Lisez-les et conjuguez les verbes au subjonctif présent.

Page d'accueil · Apple · iTools · Assistance Apple · Apple Store · Produits destinés aux ordinateurs Macintosh · Microsoft Office · Internet Explorer

Favoris · Historique · Recherche · Album · Garde-pages

> **Forum :** Stop au harcèlement moral !

1 J'ai peur que mon employeur me .... (mettre) au placard. Qu'est-ce que je peux faire ?
➟ ***Aline, 50 ans***

2 Est-ce légal que je .... (faire) des heures supplémentaires tous les week-ends ?
➟ ***Paul, 22 ans***

3 Mon supérieur aimerait bien que je .... (partir) ; mais il peut toujours attendre !
➟ ***Katia, 26 ans***

4 Les mots, c'est souvent pire que les gestes : Il faut absolument que tu .... (réagir).
➟ ***Merlin, 24 ans***

5 Est-ce qu'il faut vraiment que je .... (subir) ces comportements agressifs ?
➟ ***Élisabeth, 34 ans***

6 Il est dans l'intérêt de tous que cette attitude .... (être) sanctionnée.
➟ ***Frédéric, 46 ans***

7 Il faut que vous me .... (dire) si je deviens parano ou pas ! Aidez-moi !
➟ ***Olga, 23 ans***

Zone Internet

2 Imaginez ce que pensent les trois personnages du dessin ci-dessous.

1 2 3

1 *J'aimerais que* ....

2 *J'ai peur que* ....

3 *Il faut absolument que* ....

3 Inspection du travail.

Transformez les remarques de l'inspecteur du travail et utilisez le subjonctif présent ou l'infinitif.

► ***Exemple :*** *Les salariés n'ont pas de pause. C'est inadmissible !*
→ *Il est inadmissible que les salariés n'aient pas de pause !*

1 Il faut afficher le règlement intérieur. C'est obligatoire.
Il est obligatoire d'afficher le règlement intérieur.

2 Vous devriez aménager un espace détente. Je vous le recommande.
Je vous recommande d'aménager un espace détente.

3 Demandez l'aide d'un conseiller en entreprise. Cela serait sûrement profitable.
Il est sûrement profitable de demander l'aide d'un conseiller en entreprise.

4 L'intervention d'un médiateur peut améliorer la situation. On le souhaite.
On souhaite que l'intervention d'un médiateur puisse améliorer la situation.

5 Vous avez une armoire à pharmacie quelque part ? C'est indispensable. Il est indispensable que vous ayez une armoire à pharmacie quelque part

6 Elle est en arrêt maladie pour au moins six mois. Je le crains. Je crains qu'elle soit en arrêt maladie pour au moins 6 mois.

7 Les salariés doivent connaître leurs horaires à l'avance. C'est souhaitable.
Il est souhaitable que les salariés connaissent leurs horaires à l'avance.

4 Boulot d'enfer.

Lisez les phrases et choisissez le verbe au temps qui convient (il peut y avoir deux possibilités).

1 D'accord, on est vendredi, mais je doute qu'elle .... (est – soit) déjà partie en week-end !

2 Il est indispensable que vous .... (terminiez – ayez terminé) ce travail avant la fin de la semaine.

3 Partir travailler à l'étranger, j'en ai toujours rêvé. J'aimerais qu'on .... (m'explique – m'ait expliqué) comment faire.

4 Ce boulot est plutôt bien payé. D'après vous, qu'est-ce qu'il faut que je .... (fasse – aie fait) pour l'avoir ?

5 Pour réussir ce concours, il faudrait encore que vous .... (le prépariez – l'ayez préparé) !

6 Tous les collègues sont contents que tu .... (obtiennes – aies obtenu) cette promotion intéressante.

5 Le temps de vivre.

Voici quelques conseils donnés aux lecteurs du magazine *Le Journal des loisirs*. Lisez-les et complétez-les à l'aide des verbes suivants, aux modes et aux temps qui conviennent : *pouvoir – être – choisir – s'organiser – faire – fractionner – s'inscrire – avoir – planifier – comparer*.

Cher lecteur, chère lectrice,

Voici la fin des vacances qui approche, c'est le moment de .... Pour pouvoir garder du temps pour vous, il faut que vous .... votre prochaine année avant la fin de septembre. D'abord, pensez au plus agréable : les vacances ! Il est préférable que vous .... vos congés en plusieurs moments. On se repose mieux ainsi ! Ensuite : les loisirs. Il est aussi nécessaire que vous .... à l'avance vos loisirs pour toute l'année. Avant de .... dans un club, ... les prix. N'oubliez pas de garder un peu de temps pour faire ce que vous ne .... jamais ! Et si, dans quelques mois, vous .... peur que cette décision ne .... pas la bonne, vous .... toujours retrouver vos mauvaises habitudes !

Le Journal des loisirs, août 2004.

Grammaire — Les propositions temporelles

6 Temps discuté.

Complétez les titres des articles avec des propositions temporelles.

1 **TEMPS LIBRE :**
.... certains en profitent, les chômeurs, eux, cherchent à l'occuper.

2 .... la durée du travail a diminué, les salariés ont constaté une amélioration de leur qualité de vie.

3 .... ils bénéficient de la RTT, les Français pratiquaient les mêmes activités de loisirs.

4 SEULEMENT 5 % DES PETITES ENTREPRISES SONT PASSÉES AUX 35 HEURES .... LA LOI A ÉTÉ VOTÉE.

5 **Certains salariés devront encore attendre .... cette mesure soit appliquée dans leur entreprise.**

6 **Déception des syndicats .... avoir constaté une nouvelle augmentation du chômage.**

7 **.................... MODIFIER LA DURÉE LÉGALE DU TRAVAIL, LE MINISTRE A RENCONTRÉ LES SYNDICATS.**

7 Changement de vie.

Imaginez comment Sabine a changé de vie et finissez les phrases.

► *Exemple : Changer de vie, on n'y avait jamais pensé* ***avant de voir cette émission à la télé.***

1 Quand j'habitais à Paris, je passais une heure dans le métro avant de ....

2 Il a fallu que je commence à déprimer avant que ....

3 J'ai eu tout le temps de réfléchir pendant que ....

4 On a décidé de déménager après ....

5 J'ai acheté cette grande maison après que ....

6 On a enfin le temps de respirer depuis que ....

7 Il faudra venir nous voir dès que ....

8 Du temps pour soi.

1 Vous voulez bénéficier des conseils du docteur Zen pour profiter au mieux de la sieste ? Associez les deux parties des énoncés et mettez les verbes entre parenthèses aux temps et aux modes qui conviennent.

1 Tout d'abord, ne culpabilisez pas !
2 Avant de .... (s'allonger),
3 Couchez-vous et pensez à un endroit agréable,
4 Ne sautez pas du lit
5 Étirez-vous comme un chat
6 Maintenant, soyez sincère ! Vous ne vous sentez pas mieux

a tout de suite après .... (dormir).
b jusqu'à ce que vous .... (sentir) votre corps se détendre.
c éteignez votre téléphone portable et tirez les rideaux.
d Pendant que vous .... (sommeiller), vous récupérez de l'énergie.
e avant de .... (se lever).
f depuis que vous .... (se reposer) ?

2 Sur le même modèle, donnez trois conseils pour mieux profiter des vacances.

....

....

....

Vocabulaire

9 Réunions.

Reliez les mots pour former des expressions.

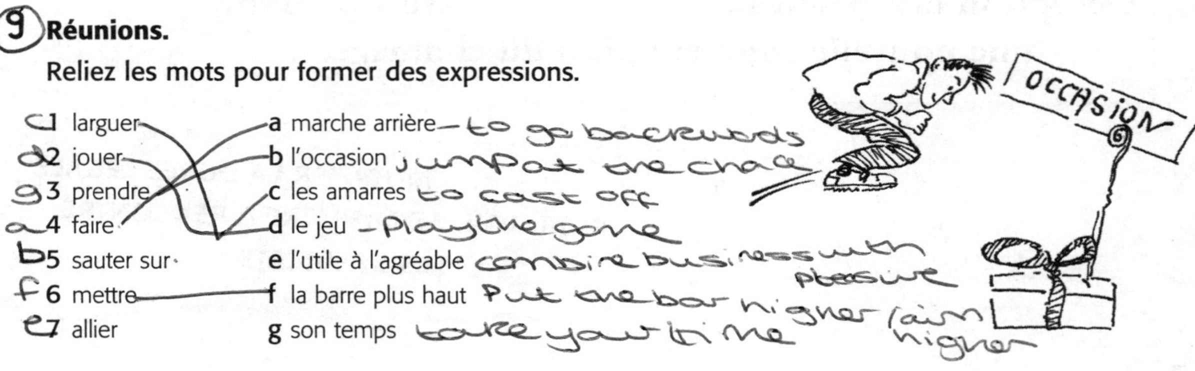

1 larguer
2 jouer
3 prendre
4 faire
5 sauter sur
6 mettre
7 allier

a marche arrière
b l'occasion
c les amarres
d le jeu
e l'utile à l'agréable
f la barre plus haut
g son temps

10 En avoir ou pas ?

Quand on en a un, on ne l'aime pas toujours. Quand on n'en a pas, on en cherche un. Qu'est-ce que c'est ? Pour le savoir, complétez la grille à l'aide des définitions.

1 Tension nerveuse souvent provoquée par le surmenage.
2 Nom synonyme de *métier*.
3 Sans durée garantie, temporaire.
4 Renvoyer quelqu'un de l'entreprise *(style familier)*.
5 Argent payé par l'entreprise au salarié.
6 Nom synonyme d'*entreprise (style familier)*.
7 Personne qui travaille dans la même société que vous.

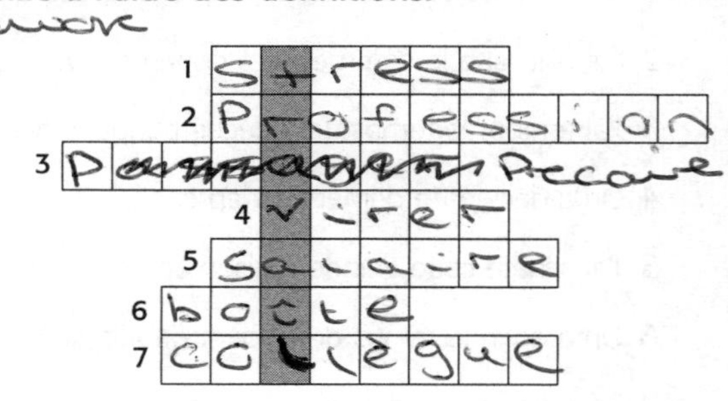

11 Un mot de trop.

Cochez les synonymes du mot proposé.

1 préoccupé	☐ frustré	☐ soucieux	☐ inquiet
2 profession	☐ contrat	☐ boulot	☐ métier
3 bénéfice	☐ profit	☐ gain	☐ compétence
4 stress	☐ tension	☐ problème	☐ anxiété
5 salaire	☐ rémunération	☐ diplôme	☐ revenu
6 entreprise	☐ boîte	☐ télétravail	☐ société

12 Les mots du travail.

Cochez les définitions exactes.

☐ 1 Avoir du piston : être un bon saxophoniste.
☐ 2 Embaucher quelqu'un : licencier quelqu'un.
☐ 3 Prendre du recul : se détacher, prendre de la distance.
☐ 4 Démissionner : quitter son travail.
☐ 5 Faire carrière : progresser dans son travail.
☐ 6 Travailler à domicile : être au chômage.
☐ 7 Être débordé : avoir trop de travail.
☐ 8 Faire des heures supplémentaires : profiter de la RTT.

13 Entre collègues.

Complétez les échanges entre collègues avec un sigle ou une abréviation.

1 Si tu veux changer de travail, tu devrais leur envoyer ton .... ; ils recrutent.

2 Elle est devenue directrice sans avoir le .... À quoi ça sert les diplômes, alors ?

3 Moi, je profite de la .... Je joue du .... dans un groupe de jazz le week-end.

4 Je crois qu'il devrait aller voir un .... Il est un peu bizarre depuis quelque temps.

5 Je lui ai dit que je voulais un .... J'en ai assez du travail précaire !

6 Elle passe tous ses coups de téléphone .... du bureau. C'est inadmissible !

7 Si le directeur apprend ça, tu pourras aller t'inscrire à l'.................. !

14 Un peu de répit.

Lisez les énoncés et classez-les de l'arrêt le plus court au plus long.

a On a trouvé une formule « court séjour » en Bretagne à un prix intéressant.
b Le médecin lui a prescrit une semaine d'arrêt maladie.
c Il a pris un congé parental pour s'occuper de sa fille pendant trois ans.
d On fait une petite pause tous les jours vers 11 heures.
e On prend nos congés annuels en septembre, c'est plus tranquille.
f Désolé, il est absent jusqu'à demain ; il a pris son après-midi.

1	2	3	4	5	6

Comprendre

15 Rêves d'Éden. DELF

Temps pour soi, temps plaisir

12 mai 2003 – Enjeu économique, social, culturel, Ipsos Observer[1] propose une première analyse en profondeur des comportements, usages des Français vis-à-vis du temps libre. D'emblée[2], quelques idées préconçues disparaissent. En particulier, les Français n'ont pas découvert le temps libre avec la réduction du temps de travail. La RTT a en revanche participé à l'atomisation[3] des comportements, à faire évoluer l'idée que l'on se fait du temps libre. À l'ère du temps pour soi, temps plaisir, de nouveaux groupes s'affirment. Ils seront le moteur de l'économie des loisirs de demain.

Les « éclectiques » (18 % des Français) : le goût de la diversité gouverne leur consommation de loisirs. Le monde est tout juste assez grand pour eux. Le voyage (53 % ont effectué un voyage à l'étranger au cours des douze derniers mois), pour ces jeunes (63 % ont entre 18 et 34 ans), plus qu'une habitude, appartient à leur mode de vie. Les « Éclectiques » se singularisent de leurs parents, en ne se référant plus (ou moins en tout cas) à des systèmes idéologiques préfabriqués. Au contraire, ils personnalisent leurs principes en les adaptant à leur univers de proximité. Cela les rend curieux, novateurs. Ils ont l'appétit des défricheurs[4], écoutent les tendances, suivent les modes quand ils ne les anticipent pas. On devine dans les comportements de ces urbains (60 % vivent dans des agglomérations de plus de 100 000 habitants), une consommation qui mêle la recherche du plaisir avec les exigences d'un citoyen cohérent. L'épanouissement personnel est revendiqué mais toujours en harmonie avec l'environnement social. Embauchés « à cinq semaines de congés payés + douze jours RTT », ils sont la génération « 35 heures » (46 % bénéficient de RTT) et développent une authentique culture du temps libre en multipliant les « breaks vacances » sur de courts séjours.

Les « globe-trotters » (18 % des Français) veulent vivre pleinement le temps libre, s'épanouir en profitant de cette liberté si précieuse d'un temps consacré à soi. Voilà le moteur de ce groupe dont l'âge des individus varie entre 45 et 65 ans (52 % ont plus de 45 ans). Ils ont de l'argent, ils veulent en profiter.

La qualité de vie et la recherche de l'épanouissement personnel sont primordiales pour ces Français, vivant la plupart en couple, dont les enfants sont partis ou sur le point d'être autonomes. La province est leur territoire. Une offre de loisirs plus pauvre qu'en Ile-de-France, doublée d'une mobilité plus grande, les invite naturellement au voyage. Sportifs et dynamiques, le soin du corps, le souci du bien-être personnel, la recherche de l'harmonie et de la sérénité intellectuelle et psychologique caractérisent la sagesse nouvelle d'une des générations les plus turbulentes du siècle. Ils ont voulu refaire le monde, ils veulent maintenant puiser dans ses richesses un bénéfice personnel. Ils voyagent beaucoup (72 % d'entre eux alternent week-ends prolongés dans d'autres résidences, séjours dans les villes françaises ou dans des capitales étrangères), sont attachés à une offre de loisirs qui garantit leur quête de liberté, de plaisir et de connaissance.

Voyage, l'invitation au rêve

Voyager reste, et de loin, le rêve numéro un pour tous. Un rêve nourri par la certitude qu'il demeure toujours un Éden qui sommeille quelque part et attend votre visite.

Temps libre : l'observatoire Ipsos/Club-Med.

1. *Ipsos Observer :* institut de sondage. 2. *D'emblée :* immédiatement. 3. *L'atomisation :* le fractionnement, la division.
4. *Défricheurs :* personnes qui explorent des territoires inconnus.

1 Lisez le chapeau de l'article ci-contre.

a Indiquez de quel type d'article il s'agit.

☐ un compte rendu d'enquête ☐ un point de vue personnel ☐ une page *Conseils* destinée aux lecteurs

b Cochez les affirmations exactes.

☐ **1** L'augmentation du temps libre a des conséquences dans des domaines divers.
☐ **2** Les Français accordent depuis longtemps de l'importance à leur temps libre.
☐ **3** La réduction du temps de travail a conduit à une uniformisation des comportements face aux loisirs.
☐ **4** L'époque actuelle est marquée par le souci du bien-être personnel.
☐ **5** Les nouvelles tendances observées auront très peu d'influence sur le futur marché des loisirs.

2 Lisez l'article.

a Observez la publicité ci-dessous et associez chacune des photos à l'un des deux portraits présentés dans l'article. Relevez les mots ou les phrases qui justifient votre réponse.

Club Med
1
Des vacances
à votre rythme
2
Des saveurs nouvelles
3
Des sports
pour tous
à volonté
4
À la
découverte
du monde
5
Du temps
pour soi
6
Des activités
pour les
jeunes

1 ....

2 ....

3 ....

4 ....

5 ....

6 ....

b Choisissez, parmi les quatre personnages ci-dessous, celui qui correspond au portrait de l'éclectique et celui qui a les caractéristiques du globe-trotter.

1 Depuis que les enfants ont quitté la maison, avec mon mari, nous en profitons pour voyager. On préfère partir en voyage organisé : comme ça, on n'a qu'à se laisser guider. C'est quand même plus reposant, non ? *(Noëlle, 48 ans)*

2 Quand on habite à Paris, ça fait du bien de faire un break de temps en temps. Moi, ce qui m'attire le plus, c'est l'aventure, le fait de découvrir des territoires totalement nouveaux et sans cesse différents. *(Virginie, 37 ans)*

3 Cette année, nous avons déjà visité Prague et Berlin et nous partons bientôt pour Lisbonne. Ce qu'on aime en vacances, c'est avant tout nous faire plaisir, apprendre aussi, et puis surtout bouger le plus possible. C'est important pour le mental ! *(Jean-Louis, 52 ans)*

4 Les vacances, pour moi, c'est quitter mon boulot, mes problèmes, les embouteillages quotidiens et pouvoir enfin descendre comme tous les ans dans le Sud, chez mes parents. *(Laurent, 28 ans)*

L'éclectique	

Le globe-trotter	

Écrire

16 Portrait… caricatural. DELF

À la manière des deux portraits précédents, rédigez celui des Franchouillards, dont voici ci-contre les caractéristiques.

☺ la France, le camping à la ferme, les soirées en famille ou entre amis, la pétanque, les habitudes, la gastronomie française…

☹ l'étranger, les vacances itinérantes, le sport, les musées et les monuments historiques…

17 Demande de renseignements. DELF

Vous avez décidé de passer vos prochaines vacances sur l'île de Porquerolles, au large de la ville de Hyères, en Méditerranée.

Envoyez un courriel à l'office de tourisme de cette ville pour demander des renseignements sur les hébergements possibles sur l'île, les horaires des bateaux, les sites à visiter, les plages les plus tranquilles. Demandez-leur également de vous adresser une carte de l'île, par courrier.

Objet :

Unité 6

Le bonheur est dans le pré

Grammaire — La place de l'adjectif

1 Jardins d'Éden.

Lisez les coupures de presse et justifiez la place des adjectifs soulignés : cas général (1), participe passé utilisé comme adjectif (2), adjectif de nationalité (3), de couleur (4), suivi d'un complément (5), indiquant une date (6), ou bien habituellement placé avant le nom (7).

► *Exemple : Les jardins présentés cette année au festival ont pour thème « la mauvaise herbe ».*
→ présentés : 2 – mauvaise : 7.

1 Organisés autour d'une pièce d'eau, ces jardins français ont pour thème les saisons et l'amour.

……………………………………

2 Le labyrinthe de Chemillé est un espace agréable à explorer pour se détendre loin de la foule et du bruit.

……………………………………

3 Chaumont 2004 : les jeunes paysagistes ont eu beaucoup d'idées innovantes.

……………………………………

4 Le Jardin des papilles et des papillons, cultivé par les membres actifs d'une association, est situé à Paris.

……………………………………

5 L'année dernière, les jardiniers avaient imaginé un puzzle de coquelicots rouges et de marguerites blanches.

……………………………………

6 Le château de Valmer est entouré d'un parc anglais où les arbres semblent pousser sans ordre apparent.

……………………………………

7 Petits arbustes taillés en forme d'animaux, les topiaires, appréciés des enfants, sont très à la mode.

……………………………………

2 Cité-dortoir.

Retrouvez la place des adjectifs dans la phrase. Accordez-les si nécessaire.

1 Ils habitent dans un immeuble sans âme au nord de Paris. (grand – gris)

....

2 Dans ces bâtiments, à l'écart de la ville, vivent des familles. (vétuste – défavorisé)

....

3 On ne peut rien conserver, dans cette cave. (vieux – humide)

....

4 Aujourd'hui, on y voit des escaliers et des boîtes aux lettres. (condamné – arraché)

....

5 Réaménager le terrain vague, c'est une idée. (ancien – bon)

....

6 Démolir, c'est bien, si les acteurs ont en tête un autre projet. (social – urbain)

....

7 Dix secondes ont suffi pour pulvériser la barre de la Courneuve. (petit – dernier)

....

3 Citadin au naturel.

Complétez avec les adjectifs suivants et accordez-les si nécessaire : ***petit – fermé – grisonnant – natal – communicatif – pressé – partagé – voisin.***

Norbert cultive son Sud-Ouest à Paris

Trois mois après l'ouverture du jardin Auguste-Renoir dans le 14e arrondissement à Paris, Norbert, responsable audiovisuel dans le lycée ...., est déjà connu pour son « enthousiasme .... », hérité d'une enfance dans le Sud-Ouest. Ce soir-là, pour fêter ses 57 ans, il propose du thé et du gâteau aux visiteurs. « Chez nous, on dit qu'un plaisir doit être .... » Avec son accent et sa moustache ...., il incarne cette convivialité qu'il a voulu recréer au jardin. « Quand je suis arrivé à la gare d'Austerlitz, je trouvais que les gens n'étaient pas très sympa, qu'ils semblaient ...., et toujours ...., se souvient cet ancien Toulousain. J'ai tenu le coup grâce au jardin. » Après le lycée, il vient retrouver les habitués et cultive son lopin de terre. Un rectangle de 30 m^2 où il a recréé un .... bout de son Sud-Ouest ....

D'après *Le Monde 2*, 4 juillet 2004.

4 Bonne nouvelle.

Entourez les adjectifs correctement placés.

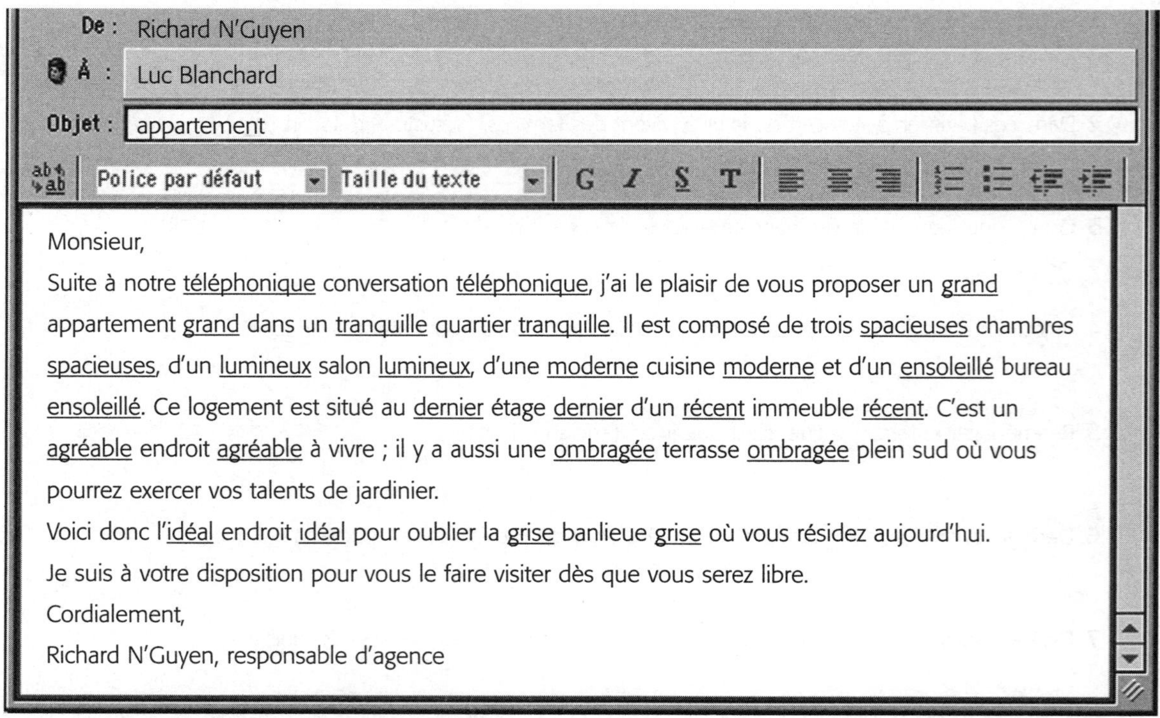

De : Richard N'Guyen

À : Luc Blanchard

Objet : appartement

Police par défaut | Taille du texte | G I S T

Monsieur,

Suite à notre téléphonique conversation téléphonique, j'ai le plaisir de vous proposer un grand appartement grand dans un tranquille quartier tranquille. Il est composé de trois spacieuses chambres spacieuses, d'un lumineux salon lumineux, d'une moderne cuisine moderne et d'un ensoleillé bureau ensoleillé. Ce logement est situé au dernier étage dernier d'un récent immeuble récent. C'est un agréable endroit agréable à vivre ; il y a aussi une ombragée terrasse ombragée plein sud où vous pourrez exercer vos talents de jardinier.

Voici donc l'idéal endroit idéal pour oublier la grise banlieue grise où vous résidez aujourd'hui.

Je suis à votre disposition pour vous le faire visiter dès que vous serez libre.

Cordialement,

Richard N'Guyen, responsable d'agence

5 Nature hostile.

Commentez ce qui s'est passé à partir des dessins et des adjectifs suivants.

1 violent – grand – arraché – dernier

2 beau – agréable – aménagé – bruyant

1

2

....

....

....

....

....

....

....

....

Grammaire L'accord du participe passé des verbes pronominaux

6 Querelle estivale.

Accordez le participe passé quand c'est nécessaire.

– Vous ne pourriez pas surveiller vos deux filles, un peu ? Elles se sont assis.............. sur ma serviette !

– Et alors ? Elles se sont trompé.............. C'est pas la fin du monde, chère madame !

– Peut-être, mais elles ne se sont pas excusé.............. Ça se fait, vous savez ?

– Quand vous vous êtes arrosé.............. avec votre fils, tout à l'heure, on n'a rien dit.............., nous !

– Ça alors ! C'est la meilleure ! On s'est juste rafraîchi.............. un peu !

– Vous ne vous êtes jamais obligé.............. à être un peu aimable, vous et votre petite famille ?

– Non mais, c'est incroyable, elle s'est décidé.............. à m'embêter, maintenant, celle-là !

7 La vie dans la cité.

Associez le début et la fin des phrases.

1 Il y a encore des jeunes de la cité
2 Les deux adolescentes arrêtées par la police
3 Les différents acteurs du projet
4 Les assistantes sociales
5 Une habitante du quartier
6 Tous les voisins
7 Fâchés depuis longtemps,

a s'est blessée en tombant dans la rue.
b qui se sont battus cette nuit !
c se sont retrouvées au poste.
d s'y sont consacrés pendant des mois.
e les voisins se sont enfin parlé.
f se sont opposées à ces sanctions.
g se sont rencontrés pour Immeubles en fête.

8 À vos agendas !

Voici les emplois du temps de France Pourat, architecte, et de Pierre Gendron, père de famille. Racontez leur journée à l'aide des verbes suivants : ***se réunir – partager – se retrouver – se donner rendez-vous – s'appeler – se promener – se rencontrer – se parler.***

► *Exemple : 9 heures : France Pourat et Chantal Bind se sont rencontrées devant la mairie pour parler du projet de réhabilitation.*

France Pourat

Lundi 25 juillet	
9 h	rencontre avec Chantal Bind (devant la mairie/projet réhabilitation)
11 h	réunion avec S. Desmarre (architecte de la ville)
12 h 30	déjeuner de travail avec l'adjoint à l'urbanisme → calendrier projet réhabilitation
20 h 30	dîner avec Pierre au Richelieu

Pierre Gendron

Lundi 25 juillet	
10 h	rendez-vous avec le maître nageur d'Agathe
13 h	pique-nique avec les enfants sur l'île Simon
15 h	promenade au parc de loisirs avec Agathe et Julien
18 h	appeler France pour confirmer le dîner
20 h 30	dîner avec France au Richelieu

1 10 heures : ……………………………………

2 11 heures : ……………………………………

3 12 h 30 : ……………………………………

4 13 heures : ……………………………………

5 15 heures : ……………………………………

6 18 heures : ……………………………………

7 20 h 30 : ……………………………………

Vocabulaire

9 Cité ou village ?

Associez les mots et leurs définitions.

1 le hameau
2 l'arrondissement
3 le bidonville
4 le quartier
5 la mégalopole
6 la capitale
7 le village
8 une HLM

a Agglomération urbaine très importante.
b Partie d'une ville ayant une certaine unité.
c Petit groupe de maisons situé à l'écart d'un village.
d Ville principale où se trouve le gouvernement.
e Logements faits de tôles où habitent des gens pauvres.
f Ensemble d'habitations à la campagne regroupées autour d'une mairie.
g Grand immeuble dont les appartements sont loués à des prix peu élevés.
h Division administrative de certaines grandes villes.

10 L'avis du maire.

Complétez l'article avec les mots suivants : ***organiser – quartier – politique – béton – tours – zones – changer.***

L'invité de la semaine

Bernard Birsinger **député, maire de Bobigny**

La ville n'est pas uniquement de pierre et de .... Elle est d'abord d'imaginaires. Elle n'est pas surtout faite de routes et de .... Elle est d'abord de cheminements humains, de solidarités, de passions.

Il faut .... la ville, c'est aujourd'hui une évidence. Parce qu'il faut changer la vie, tout simplement. C'est une question de civilisation, d'intérêt porté aux 80 % des humains de la planète qui vivent, travaillent, espèrent dans ces villes.

Il faut changer la ville, et pourtant ! Les moyens restent à mettre en œuvre : il faudrait aujourd'hui chiffrer les budgets de la .... de la ville, non pas en millions, mais en milliards. C'est une question d'égalité républicaine pour nos villes, que certains qualifient pudiquement de « .... périphériques », voire de « .... sensibles ».

Nous avons lancé à Bobigny une grande consultation. Nous essayons de relever le défi d'une belle ville solidaire. À la rentrée, nous allons .... une grande « consult'action » qui remettra l'ouvrage sur le métier à tisser de la ville.

D'après *L'Humanité*, 26 juin 2001.

11 Mal de vivre.

Soulignez les expressions qui permettent d'illustrer ou de renforcer une description.

1 Il y a des tonnes de gens qui ne supportent plus d'habiter ici.

2 C'est peut-être la ville la plus intéressante, mais c'est aussi la plus dangereuse.

3 Paris Plage, c'est comme un rayon de soleil dans la monotonie urbaine.

4 Toujours plus de grands immeubles, toujours moins d'arbres : il faudrait inverser la tendance !

5 Ta ville ressemble peut-être à une jungle, mais mon village, c'est un trou !

6 Il se pose cent mille questions au sujet de ce projet de réhabilitation.

12 Vie citadine.

Remplacez les mots entre parenthèses par un des termes suivants : ***une montagne – une mine – une pluie – une pointe – une vague – un brin – une foule.***

1 Avec .... (un minimum) d'imagination, on peut rendre ce quartier un peu moins laid.

2 .... (Une grande quantité) de déchets s'entasse dans ce terrain à l'abandon.

3 .... (Un grand nombre) de visiteurs est venu(e) voir l'exposition photo sur la ville.

4 Les archives municipales, c'est .... (une source inépuisable) de renseignements.

5 Y en a marre ! Chaque fois que je passe dans le coin, j'ai droit à .... (une multitude) d'injures.

6 Depuis le début de l'été, ... (un courant) de violence se répand dans les quartiers du nord.

7 On étouffe ici ! Avec .... (un peu) d'air, on pourrait respirer un peu mieux !

Comprendre

13 Canicule. DELF

J'ouvris la porte-fenêtre. 1er août. La rue de la République était déserte. Lyon s'était vidé en un jour et une nuit. Personne. J'aurais pu me croire seul au monde.

Je fis un pas sur le balcon. On ne pouvait d'ailleurs guère en faire plus. Avait-on même le droit de parler de balcon ? Une petite avancée de rien, un semblant de balcon. À gauche, un peu de terre, venue on ne sait d'où. Sur cette terre avaient fini par pousser trois brins d'herbe pour l'heure roussis[1]. Rien de commun avec les vastes étendues naturelles qui existent, telles que plaines et plateaux. Pourtant, sur cette petite surface de ciment, contre ces barreaux rouillés, on voyait mieux le monde que d'une simple fenêtre, si d'aventure[2] l'envie prenait de le voir.

Je restai une vingtaine de secondes sur le semblant de balcon, tournant la tête de tous côtés et roulant des yeux comme un chien fautif. Nulle présence humaine dans l'artère[3] piétonne jusqu'à l'Opéra. Nulle non plus côté place de la République toute proche.

À quelques mètres près, je devais habiter le centre exact de la ville, dans le quartier de l'Hôtel-Dieu, hôpital où j'avais vu le jour trente-six ans plus tôt.

Le ruissellement de la fontaine sur la place suscitait des rêves de fraîcheur et de légèreté. Hélas, la chaleur effroyable, cette chaleur malsaine, meurtrière des villes en climat continental, qui battait tous records cet été-là à Lyon, n'en accablait que plus, une chaleur à mourir, soixante-dix degrés à l'ombre au bas mot[4]. En plein soleil, impossible de savoir, personne n'aurait eu le courage d'aller déposer un thermomètre en plein soleil, ni à coup sûr d'en revenir. Et les thermomètres eux-mêmes regagnaient l'ombre en couinant[5].

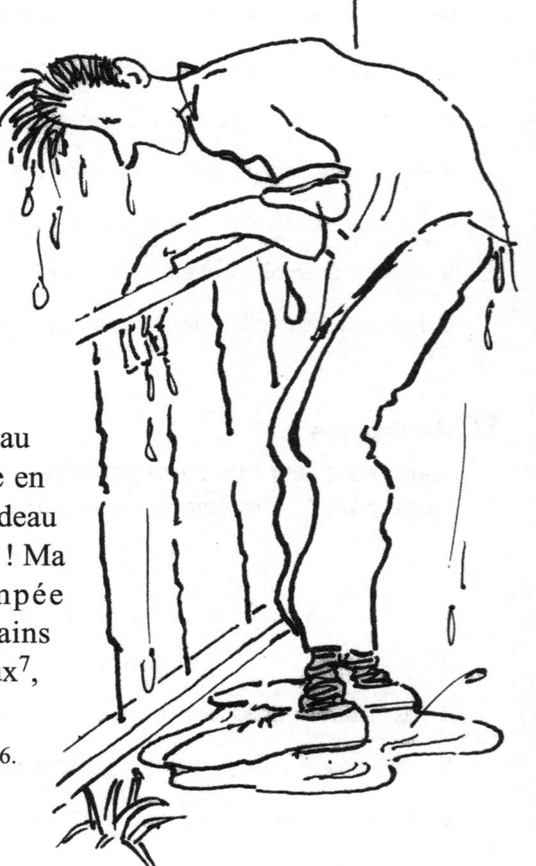

Le ciel éblouissait où qu'on le regardât. Quant au soleil ! Que Dieu nous délivre du soleil, me dis-je en rentrant, fermant la porte-fenêtre, tirant l'épais rideau de velours sombre, que Dieu nous délivre du soleil ! Ma chemise blanche déjà trempée s'était trempée doublement. Il s'ensuivait quand je faisais certains mouvements des bruits clapotants[6] et visqueux[7], ténus[8], mais bel et bien clapotants et visqueux.

René Belletto, *L'Enfer*, © P.O.L., 1986.

1. *Roussis :* légèrement brûlés. **2.** *D'aventure :* par hasard. **3.** *Artère :* rue.
4. *Au bas mot :* au moins. **5.** *En couinant :* en poussant de petits cris.
6. *Clapotants :* semblables à ceux que font les petites vagues.
7. *Visqueux :* collants. **8.** *Ténus :* légers.

UNITÉ 6

1 **Lisez le texte ci-contre et complétez, quand c'est possible, la fiche signalétique du narrateur ou de la narratrice.**

Nom : ....
Prénom : ....
Âge : ....
Profession : ....
Adresse : ....
Code postal : ....
Ville : ....
Pays : ....

Sexe : ☐ **M** ☐ **F**
Lieu de naissance : ....
Lieu d'habitation :
☐ **ville**
☐ **campagne**
Type de logement :
☐ **appartement**
☐ **maison**

2 **Lisez à nouveau le texte.**

a **Relevez les phrases, les expressions ou les mots qui évoquent :**

1 l'absence de vie humaine : ....

2 la chaleur : ....

3 la luminosité : ....

4 la petitesse du balcon : ....

5 l'emprisonnement : ....

6 la nature : ....

b **Parmi les phrases, les expressions ou les mots relevés, repérez au moins une des figures de style suivantes.**

1 une comparaison ou un rapport de ressemblance : ....

2 une exagération : ....

3 la répétition d'un terme ou d'une structure : ....

c **Indiquez quelle impression générale se dégage du texte.**

....

Écrire

14 Grand concours.

Vous avez décidé de participer au concours Plaisir de lire, organisé par le magazine *Mix-Cité*. Rédigez une description de votre lieu de vie en essayant de réutiliser les figures de style présentées dans la rubrique *Vocabulaire* de la leçon 21 du livre de l'élève, p. 67.

Concours

Plaisir de lire
Mix-Cité

Lieux de vie

Que vous habitiez en ville ou à la campagne, en HLM ou dans une villa, en France ou à l'étranger, faites-nous une description de votre lieu de vie à la fois originale et très personnelle.

Adressez votre description, manuscrite ou dactylographiée, avant le 1er septembre à : Concours Plaisir de Lire – *Mix-Cité* 11, place d'Orbigny, 75012 Paris.

Les lauréats, choisis par un jury d'écrivains et de personnalités littéraires, seront publiés dans notre magazine début octobre.

15 Requête pour le genre urbain. DELF

Lisez le document ci-dessous et répondez aux questions du magazine *Tapage*.

Au début des années 90, nos confrères du journal *Le Monde* dressaient, dans leur collection *Manière de voir*, un portrait des villes modernes quelque peu inquiétant. Qu'en est-il une dizaine d'années plus tard ? La situation a-t-elle changé ? Les mêmes phénomènes existent-ils toujours et pourquoi ? Au milieu des paroles de spécialistes, nous vous donnons la parole à vous, lecteurs : que vous viviez dans un environnement citadin ou rural, votre point de vue nous intéresse !

Politesse, civilité, urbanité, ces mots traduisent une indéniable finesse dans les relations à autrui. Ils dérivent étymologiquement de vocables grecs ou latins synonymes de « ville », comme *polis*, *civitas*, *urbs*, et montrent que la sociabilité urbaine a longtemps été gage de courtoisie, d'élégance et de raffinement. La cité, de surcroît, a été historiquement considérée comme le siège privilégié, fondateur, d'une civilisation, d'un art de vivre. Rayonnant loin dans les campagnes et les contrées environnantes, elle fascinait par la beauté de ses monuments, ses innovations, sa modernité et le mode de vie de ses habitants.

Pourquoi est-elle devenue un symbole de la mal-vie, de l'inconfort, des nuisances et du mal-être ? Pourquoi y trouve-t-on désormais, concentrés, les grands maux sociologiques de notre temps : violence, exclusion, pauvreté, pollution, marginalisation, insécurité, stress, désarroi, solitude… ?

Ignacio Ramonet, « Manière de voir »,
Le Monde diplomatique, 13 octobre 1991.

Tapage, 15 novembre 2004.

Unité 7

Entre la poire et le fromage

Grammaire — Les procédés de substitution

1 La siffleuse et la mijoteuse.
Lisez l'article et relevez le ou les termes de substitution qui désignent :

1 l'autocuiseur : ....

2 la cocotte : ....

3 les deux objets : ....

Un amour de cocotte

L'autocuiseur en inox face à la cocotte en fonte. SEB contre Le Creuset. Le poids des métaux, le choc des cultures. Les deux engins s'affrontent dans les rayons des magasins avec un très net avantage pour la siffleuse, celle qui cuit au sprint et siffle à l'arrivée. La mijoteuse, celle qui prend son temps, arrive loin derrière mais les connaisseurs la préfèrent. La Cocotte-Minute cuit sous pression, dans le secret le plus absolu, jusqu'à la fin du temps réglementaire. Aucun contact avec l'extérieur. Par principe, les communications sont coupées. Tu visses, je cuis. Je lâche la vapeur, tu dévisses. La conversation reste limitée avec cette machine à soupape.

La cocotte en fonte appartient à un monde où l'on prend son temps. Ronde ou ovale, elle pèse son poids. En plus, elle cause, réclamant sa dose d'huile d'olive, exigeant le feu à sa convenance, n'hésitant pas à protester. La fumée monte, le fond noircit, la viande attache. La cocotte pique sa colère. Elle aime démarrer à feu vif pour se mettre à la bonne température. Elle crie son désir de rôtir. Vous posez le couvercle pour lui laisser une ouverture de quelques centimètres. Là, elle chante.

Vous comprendrez que la fréquentation assidue d'une telle cocotte suscite des sentiments. La mienne s'appelle Louise et je l'aime.

D'après J.-P. Géné, *Le Monde 2*, 18-19 juillet 2004.

2 Tabou.

Décrivez les dessins sans employer le nom de la boisson ou de l'aliment. Utilisez des moyens de substitution comme dans l'exemple.

► *Exemple :*

Le vin → *C'est un liquide alcoolisé. On le boit en mangeant ou seul. Je le préfère rouge, mais il en existe d'autres couleurs.*

le sucre

1 ....

....

la pomme

2 ....

....

3 De l'orage dans l'air.

Indiquez, pour chaque phrase, la réponse correcte.

1 C'est quand même incroyable ! Tout le monde a reçu son invitation pour la soirée et, moi, je n'ai toujours pas … !
☐ tous ☐ le nôtre ☐ celles-ci ☐ la mienne

2 Oh non ! On ne va pas retourner dans ce bistrot ! C'est vraiment … je ne supporte plus !
☐ ce lieu-là ☐ quelque part où ☐ un endroit que ☐ y

3 Mais si, j'ai bien aimé ce resto. Je te dis simplement que … était plus original. Voilà !
☐ l'autre ☐ l'un ☐ lequel ☐ la leur

4 Comment sais-tu que tu n'aimes pas ça ? Manges-… au moins un peu pour goûter !
☐ y ☐ en ☐ les ☐ ça

5 À chaque fois que tu invites tes copains à la maison, c'est toujours … pose problème : Martial !
☐ celui qui ☐ certains que ☐ ceux-là dont ☐ le même qui

4 Huile d'olive.

Complétez les informations sur l'huile d'olive avec les termes de substitution suivants :
***elle – ce produit – ses* (2 fois) *– lui – un liquide*.**

Page d'accueil | Apple | Assistance Apple | Apple Store | .Mac | Mac OS X | Microsoft France MacTopia | Office pour Macintosh | MSN

Favoris | Historique | Recherche | Album

l'huile d'olive

L'huile d'olive est .... très polyvalent. Connue de longue date dans le bassin méditerranéen, où de nombreuses générations .... ont trouvé des vertus incomparables dans les domaines de la santé et de l'alimentation, ... est aujourd'hui largement appréciée en Europe et dans le monde pour .... qualités nutritionnelles et .... effets bénéfiques sur la santé. En outre, ... a une importance considérable pour l'économie de nombreuses régions.

Internet zone

Grammaire — Construire et nuancer un discours

5 Querelle culinaire.
Complétez avec l'adverbe qui convient pour retrouver le dialogue.

– ……………………, tu n'as encore pas mis de piment dans la sauce du couscous ! (notamment – évidemment)

– Mais tu crois …………………… que c'est nécessaire ? (vraiment – hélas)

– Comment ça, nécessaire ? Un couscous sans piment, c'est …………………… fade, non ? (plutôt – bien sûr)

– Ça dépend pour qui ! …………………… sans épices, moi je trouve ça très bon. (surtout – même)

– Tu n'y connais …………………… rien en couscous, alors… (absolument – notamment)

– J'ai un estomac très sensible ; ……………………, tu t'en moques ! (naturellement – surtout)

– Mais non, …………………… ! Si tu mettais la sauce à part, le problème serait réglé ! (bien sûr – absolument)

6 Critique gastronomique.
Vous êtes critique gastronomique pour le guide *À vos fourchettes !* Répondez aux questions du journaliste en utilisant un adverbe de modalité.

1 – Dans les restaurants, les propriétaires savent-ils que vous êtes critique gastronomique ?

– ……………………………………………

2 – Fréquentez-vous uniquement les restaurants haut de gamme ?

– ……………………………………………

3 – D'après vous, les « grandes tables » sont-elles toujours les plus agréables ?

– ……………………………………………

4 – Visitez-vous aussi les petites auberges ?

– ……………………………………………

5 – Est-ce que vous allez au restaurant quand vous ne travaillez pas ?

– ……………………………………………

6 – Avez-vous pris des kilos depuis que vous faites ce métier ?

– ……………………………………………

7 Pratiques contemporaines.
Complétez les chapeaux des articles de journaux. Utilisez les articulateurs suivants : *au contraire – d'ailleurs – de plus – bref – donc*.

1

Halte à l'obésité !

Dans 20 ans, 15 % de la population sera obèse ; …………………… 10 % des adolescents le sont déjà !

2

Changement de comportement

Les Français consacrent moins d'une heure pour le déjeuner. ……………………, ils mangent très souvent des sandwichs.

3

Le festival des saveurs

Originalité, diversité et qualité des produits proposés ; ...., le rendez-vous incontournable pour tous les amateurs de bonnes choses.

4

Disparition de la salle à manger

La fréquence des repas familiaux a diminué, c'est incontestable. La salle à manger n'est .... plus la pièce centrale de l'appartement moderne.

5

Retour des vins d'été

Frais et légers, on les croyait réservés à la fête. ...., ils se boivent en toute occasion estivale. Essayez-les !

8 Le repas du dimanche, vous en pensez quoi ?

Associez les phrases entre elles.

1 Moi, j'aime bien cette occasion de se retrouver ensemble.
2 J'ai longtemps évité ce genre de repas.
3 J'ai trop de travail et ça m'ennuie un peu.
4 Je suis favorable à cette tradition.
5 On ne faisait pas ça chez mes parents.
6 Passer des heures à table dimanche prochain ? Non merci !

a Alors, je ne le fais pas moi non plus maintenant.
b D'ailleurs, j'ai déjà prévu autre chose.
c Aujourd'hui, au contraire, je les organise.
d En outre, cela me permet de voir mes enfants.
e De plus, ça n'arrive pas très souvent.
f Bref, je n'aime pas trop ça.

Vocabulaire

9 Fiche cuisine.

Vous avez trouvé cette recette de cuisine sur Internet mais, bizarrement, certaines indications ne sont pas à la bonne place. Replacez-les à la place qui convient.

Flan de courgettes

Ingrédients (pour 2 personnes)

250 ml de lait • 2 œufs • 250 g de courgettes • muscade râpée, sel, poivre

[Ajoutez] le four à 180 °C.	....
[Versez] et [mettez] les courgettes en dés, sans les éplucher. Faites-les cuire à la vapeur. Mettez les courgettes dans un plat à four.	.... et ....
Dans un saladier, [préchauffez] les œufs entiers, puis [lavez] le lait.	....
[Battez] le sel, le poivre et la muscade. Versez la préparation sur les courgettes.	....
[Coupez] au four (180 °C) pendant 30 min.	....

10 Un bon coup de fourchette.

Cochez la phrase synonyme.

1 Mmh ! J'en ai l'eau à la bouche !
- □ **a** Je meurs de soif !
- □ **b** Ça donne envie d'en manger !

2 Houla ! Je ne suis pas dans mon assiette ce matin.
- □ **a** Je ne me sens pas très bien ce matin.
- □ **b** Je n'ai pas trop envie de faire la cuisine ce matin.

3 Bah ! Ça ne mange pas de pain !
- □ **a** Ça n'engage à rien !
- □ **b** On peut très bien manger ce plat sans pain, non ?

4 Pff ! Tu ne vas pas en faire tout un fromage !
- □ **a** Tu ne vas pas préparer tout ça à manger, quand même !
- □ **b** Laisse tomber, ce n'est pas si important !

5 Hein ! Il a mis les pieds dans le plat ?
- □ **a** Il a fait une gaffe ?
- □ **b** Il a tout cassé ?

6 Hum, hum ! Je ne mange pas de ce pain-là.
- □ **a** Je n'aime pas trop ce type de plat.
- □ **b** Ce n'est pas dans mes habitudes.

11 Dis-moi comment tu manges...

1 Trouvez les verbes qui manquent et complétez la grille avec leur forme infinitive.

a C'est mauvais pour la ligne de .... entre les repas ! Tu ne le savais pas ?

b Moi, ce que j'aime, ce sont ces petits plats qu'on .... pendant des heures.

c Mais enfin ! Mange doucement ! N'.................................... pas si vite ! Tu vas encore avoir mal à l'estomac !

d La clocharde ? C'est une pomme absolument excellente qui .... sous la dent.

e Ah ça ! Ça fait partie de ces vins qu'on .... tranquillement entre amis. Un bonheur !

f Aujourd'hui, on .... quand même moins de beurre qu'avant et plus d'huile d'olive.

g Tu as déjà fini ? Tu devrais apprendre à .... de si bons plats !

2 À l'aide des lettres situées dans les carrés gris, trouvez un autre verbe lié à la gastronomie.

12 Commentaires.

Imaginez les commentaires en utilisant une interjection dans chacun d'eux.

13 Visite du frigo.

Complétez l'article avec les mots suivants : *comestibles – se régaler – sac à provisions – mode d'emploi – se conservent – nourriture.*

Quand on ouvre la porte d'un frigo, c'est souvent très révélateur. Derrière cette porte, le réfrigérateur abrite bien plus que de la simple .... Il donne des indices sur les habitudes du foyer. Un frigo rempli de bières et de pizzas peut parfois indiquer un prochain match de football entre potes ; la présence de nombreux desserts lactés celle d'enfants. On y trouve même quelquefois des denrées non .... : médicaments, produits de beauté. Pas de quoi vraiment .... !

Il y a aussi les frigos vides en fin de semaine et ceux où on ne voit pas grand-chose sinon des sacs en papier ou en plastique : ici, on a vidé directement le .... dans le réfrigérateur. Grosse erreur ! On doit ranger son frigo. D'abord, pour que les aliments .... le plus longtemps possible. Ensuite, pour voir dès l'ouverture de la porte ce que l'on va pouvoir mijoter. Le frigo a ses normes, son .... Il devrait se laisser visiter avec plaisir et nous mettre l'eau à la bouche.

Comprendre

14 Les temps changent.

Viens dîner, on fera la vaisselle…

Qui a dit que les Français étaient des égoïstes repliés sur eux-mêmes ? Ils sont 93 % à « aimer recevoir chez eux pour un repas », affirme le Credoc dans une enquête effectuée à l'initiative du Comité des arts de la table. Mieux, la convivialité est une valeur en hausse : les trois quarts des 25-70 ans invitent au moins une fois par mois, un taux en progression.

par **France VIOLLET**

Pas de petits plats dans les grands

On s'invite, donc, mais différemment. Si le dîner assis reste un modèle largement dominant, trois personnes sur dix tendraient à lui préférer l'apéritif, *« qui requiert nettement moins de travail et d'expertise »*.

La télé au menu

Inauguré par les soirées foot, consacré par les réunions *Star Ac'* et *Bachelor*[1], le plateau-repas tend à devenir un mode d'invitation comme un autre. Il convient particulièrement aux célibataires et aux jeunes, lesquels ne semblent pas s'émouvoir de devoir manger des *chicken nuggets* sur leurs genoux, pourvu que ce soit en compagnie de Zidane, Michal[2] ou Steven[3]. *« Cette tendance ne va cesser de s'étendre »*, prophétise le Credoc. Avec un *« temps moyen passé devant la télé en perpétuelle augmentation »* et la floraison d'émissions cultes, *« se retrouver pour les regarder tout en mangeant va vraisemblablement progresser à l'avenir »*.

Invité à mettre la main à la pâte

Si Jean-Pierre Loisel, directeur du département consommation au Credoc, reconnaît un *« effritement des schémas traditionnels »* (diminution du temps passé pour préparer un repas, recours croissant aux aides culinaires industrielles), c'est pour mieux souligner une *« convivialité qui devient plus chaleureuse »*. Portée par les jeunes générations, celle-ci se concentre exclusivement sur l'impératif d'*« être bien ensemble »*. De là une décontraction inédite pour tout ce qui ne relève pas de cet objectif. L'invité qui mettait les pieds sous la table peut désormais s'attendre à devoir porter la main à la pâte. Il a même une (mal)chance sur dix de se voir réquisitionné pour la vaisselle. Avis aux fainéants : les jeunes, les célibataires et les hommes ont le moins de scrupules en la matière. Cela tiendrait à leur *« vision moins "sacralisée" de la réception »*, enseigne le Credoc.

Ponctualité et cadeau

La désacralisation ne remet pas en question le souci des autres. Un Français sur deux tient à décorer sa table, mais aussi sa maison, avant d'enfiler une toilette raffinée pour recevoir ses convives. Des convives qui, eux-mêmes, se prêtent volontiers au jeu des bienséances. Presque tous arrivent à l'heure (neuf sur dix), la plupart un cadeau à la main (plus de deux sur trois). Et qu'importe ce que l'hôte leur servira, ils sont généralement prêts à tout engloutir, histoire de ne pas les froisser. À noter : deux sur trois poussent la civilité jusqu'à éteindre leur téléphone portable pendant le repas.

France VIOLLET, *Libération*, mercredi 25 février 2004.

1. Émissions de téléréalité française.
2 et **3.** Personnes rendues célèbres par des émissions à la télévision.

1 **Lisez l'article ci-contre et choisissez, parmi les trois phrases suivantes, celle qui résume le mieux l'idée générale.**

a Finis les dîners traditionnels : les Français ont renoncé aux bonnes vieilles habitudes de politesse quand ils sont invités à un repas !
b Une étude montre que les Français reçoivent plus souvent et plus simplement.
c En France, l'art de recevoir se perd. Et, avec lui, le sens de la convivialité.

2 **a** **Retrouvez les mots ou expressions qui correspondent aux définitions suivantes (ces définitions suivent l'ordre du texte).**

1 nécessite ....
2 rendu habituel ....
3 à condition que ....
4 prédit ....
5 le développement ....
6 une diminution ....
7 aux paresseux ....
8 mettre un vêtement ....
9 ses invités ....
10 participent ....
11 des politesses ....
12 pour ne pas les vexer ....
13 l'amabilité ....

b **Associez les expressions idiomatiques suivantes à leur signification.**

1 mettre les petits plats dans les grands
2 mettre la main à la pâte
3 se mettre les pieds sous la table

a Participer à un travail.
b Se laisser servir lors d'un repas.
c Recevoir quelqu'un de manière raffinée.

3 **Lisez à nouveau l'article.**

a **Complétez les affirmations par l'un des trois ordres de grandeur suivants :** ***la majorité – la moitié – moins d'un tiers.***

1 .... porte un soin particulier à la décoration lors d'une invitation.
2 .... fait preuve de ponctualité en se rendant à un dîner.
3 .... considère qu'inviter ses amis à manger est un plaisir.
4 .... change de vêtements avant d'accueillir les invités.
5 .... ne répond pas à un appel téléphonique au cours d'un repas.
6 .... organise au minimum un déjeuner ou un dîner mensuel chez soi.
7 .... reçoit plus facilement pour un apéritif que pour un repas.
8 .... n'arrive jamais à un repas les mains vides.
9 .... termine son assiette, au moins par politesse.

b **Cochez, parmi les éléments suivants, ceux qui correspondent à des tendances actuelles en France.**

☐ **1** La plupart des invitations se font à l'improviste.
☐ **2** Le temps consacré à l'élaboration des repas est moins important qu'auparavant.
☐ **3** Entre amis, chacun apporte un élément du repas, par exemple l'entrée ou le dessert.
☐ **4** Dîner devant la télé en présence de ses amis devient de plus en plus courant.
☐ **5** L'achat de plats cuisinés est un phénomène plus fréquent.
☐ **6** Il arrive aujourd'hui qu'on sollicite l'aide de ses invités, lors d'un repas.

Écrire

15 Ils sont bizarres, ces Français !

Lors d'un séjour en France, vous êtes invité(e) à dîner par une famille française. En arrivant, un cadeau à la main et à l'heure, vous constatez qu'il s'agit d'une soirée plateau-repas devant la télé. De plus, les autres invités viennent tous en retard et les mains vides (sans cadeau).

Choqué(e) par ces différents comportements, vous envoyez un courriel à l'un(e) de vos ami(e)s pour lui raconter votre soirée.

De : ....

À : ....

Objet : ....

Pièces jointes : Aucune

Police par défaut | Taille du texte | G I S T

....

16 Voyage culinaire.

La collection *Voyage culinaire* propose une découverte du monde à travers la cuisine. L'un des ouvrages de cette collection étant consacré à votre pays, l'éditeur vous demande d'en rédiger l'introduction. Expliquez dans cette présentation ce qui fait la spécificité de la cuisine de votre pays et en quoi elle est révélatrice de sa culture.

Collection *Voyage culinaire*

À la fois pratique et raffinée, cette collection propose une approche culturelle et concrète des cuisines du monde entier.

Unité 8

Fourmis ou cigales ?

Grammaire — Indicatif, conditionnel ou subjonctif ?

1 Jeux d'argent.

Indiquez ce qu'expriment ces énoncés.

	Fait réel	Fait non vérifié
1 Un croupier du casino de Cannes aurait truqué les jeux.	☐	☐
2 Un habitant du village a gagné le gros lot au Loto !	☐	☐
3 La Française des jeux a augmenté son chiffre d'affaires de 10 %.	☐	☐
4 Il semblerait que le gagnant de samedi dernier n'ait pas été retrouvé.	☐	☐
5 Un nouveau type de jeu serait actuellement à l'étude.	☐	☐
6 À chacune des cagnottes, c'est l'État qui remporte le gros lot.	☐	☐
7 Deux étudiants lyonnais auraient découvert un truc pour gagner systématiquement au Millionnaire.	☐	☐

2 Fortune ou infortune ?

Imaginez ce qui est probablement arrivé à chaque personnage. Proposez, à chaque fois, deux énoncés différents comme dans l'exemple.

► *Exemple :*

→ *Il est possible qu'il ait fait un héritage.*
→ *L'ancien serveur aurait acheté le restaurant où il travaillait.*

1 ....

....

2 ....

....

3 Veiller au grain.

Entourez le verbe au mode qui convient (il peut y avoir deux possibilités).

– Et si on (investissait – investirait) un peu d'argent en bourse ?

– Non mais tu (es – serais) complètement fou, toi ! La bourse, (c'est – ce serait) beaucoup trop risqué !

– Ben, on ne (place – placerait) pas beaucoup d'argent, juste un peu, pour voir…

– Il n'en (est – serait) absolument pas question ! On n'y (connaît – connaîtrait) rien, en plus !

– Paul (peut – pourrait) très bien nous aider. Je te rappelle qu'il (est – serait) conseiller financier, quand même !

– Lui ! Il ne (s'intéresse – s'intéresserait) qu'à son portefeuille. Je n'(ai – aurais) pas confiance.

– Oh ! là, là, si c'est comme ça ! On (continue – continuerait) comme avant, alors !

– (C'est – Ce serait) plus sûr comme ça. Au moins, on ne (perdra – perdrait) pas d'argent !

4 Commerce équitable.

Mettez le verbe au temps et au mode qui conviennent (il peut y avoir plusieurs possibilités).

Page d'accueil · Apple · iTools · Assistance Apple · Apple Store · Produits destinés aux ordinateurs Macintosh · Microsoft Office · Internet Explorer

Favoris · Historique · Recherche · Album · Garde-pages

> **Forum :** Qu'est-ce que le commerce équitable ? Est-ce que vous pourriez me donner des infos sur ce sujet ? Matthias, 27/07/2004

1 Il semblerait que les gens .... (acheter) surtout du café. Pour les autres produits, ça ne marche pas trop.
➠ ***Géraldine, 30/07/04***

2 D'après mon frère, il y .... (avoir) des sites spécialisés sur Internet.
➠ ***Jules, 29/07/04***

3 En tout cas, ces produits .... (ne pas se trouver) facilement.
➠ ***Marie, 29/07/04***

4 C'.................................... (être) tout à fait vrai ! Ces petits producteurs .... (exister). J'en ai rencontré en Bolivie !
➠ ***Fred, 28/07/04***

5 On dit que les petits producteurs .... (être respecté) mais, d'après moi, ça reste à prouver !
➠ ***Mélissa, 28/07/04***

6 Oui. D'après ce que je sais, c'est une forme de commerce qui .... (contribuer) au développement durable.
➠ ***Paul, 28/07/04***

Zone Internet

5 Des nouvelles.

Écrivez les chapeaux des articles en donnant des explications, que vous présenterez comme peu probables ou non vérifiées.

► ***Exemple :*** *Immobilier : bientôt la fin de la crise ? (il semblerait que)*
→ *Il semblerait que ce soit bientôt la fin de la crise de l'immobilier.*

1 Un ministre impliqué dans un scandale financier. (selon nos sources)

....

2 De nouvelles mesures appliquées pour lutter contre la pauvreté. (probablement)

....

3 La mendicité considérée comme un délit dans certaines villes. (il est possible que)

....

4 augmentation du pouvoir d'achat. (peut-être)

....

Grammaire Mettre une information en relief

6 Les mains en l'air !

Transformez les phrases pour retrouver les commentaires du journaliste de *France régions* sur un hold-up.

► ***Exemple :*** *Hier matin, deux hommes d'une vingtaine d'années ont attaqué le Crédit municipal de Caen.*
→ *Hier matin, le Crédit municipal de Caen a été attaqué par deux hommes d'une vingtaine d'années.*

1 Cet événement a traumatisé la population de ce paisible village.

....

2 L'employé du Crédit municipal aurait mis l'argent dans des sacs de sport.

....

3 On n'a pas encore révélé le montant du hold-up.

....

4 La veille, les voleurs avaient déjà volé une voiture.

....

5 Un des deux hommes a tiré trois balles en l'air.

....

6 La police retrouvera-t-elle les braqueurs ?

....

7 Les caméras de surveillance auraient filmé toute la scène.

....

8 On attribuera une récompense pour toute information utile.

....

7 Marchandisation du monde.

Complétez l'article avec les verbes suivants aux modes et aux temps qui conviennent :
ne pas se développer – ne pas se fixer – se regrouper – signer – se terminer.

Accord de Genève

Ce matin, à Genève, un accord .... entre les 147 pays membres de l'OMC (Organisation mondiale du commerce). C'est une bonne nouvelle étant donné que les négociations de Cancún en 2003 .... sur un échec.

Le dossier de l'agriculture progresse, avec la fin des subventions pour les pays du Nord, même si aucun calendrier .... à ce jour. Les pays africains, quant à eux, ... pour protester contre certaines mesures. Ils se demandent si des échanges inéquitables .... à cause de cet accord.

8 Fièvre acheteuse.

Mettez en relief les éléments soulignés comme dans l'exemple.

À la grande surprise des économistes, la consommation des ménages a augmenté de 4,2 % en juin dernier. On constate (1) la meilleure performance mensuelle depuis août 1996 ! Et, sur un an, on relève (2) une hausse de 8,5 %, jamais vue depuis mai 1998 ! Il faut aussi souligner (3) la ruée des ménages sur les soldes malgré les suppressions d'emplois, le niveau élevé de chômage et la stagnation des revenus. (4) L'habillement se maintient, et (5) les équipements du logement explosent avec un bond de 23 % sur un an. Finalement, n'oublions pas de mentionner (6) les taux intéressants des crédits à la consommation.

► *Exemple : **Ce qui** a surpris les économistes, **c'est** l'augmentation de la consommation des ménages.*

1 ....

2 ....

3 ....

4 ....

5 ....

6 ....

Vocabulaire

9 Duos de mots.

Retrouvez dans cette liste de mots des paires de synonymes.

aisé – épargne – défavorisé – radin – panier percé – pauvre – investissement – avare – placement – dépensier – économie – riche

.... / .... / ....

.... / .... / ....

.... / .... / ....

10 Activités économiques.

1 Retrouvez le nom correspondant à l'adjectif.

► *Exemple : ouvrir → ouverture.*

a consommer → ....

b changer → ....

c acheter → ....

d augmenter → ....

e coûter → ....

f signer → ....

2 Reconstituez les titres de presse avec les noms trouvés dans le tableau.

1 .... annuel des assurances en progression.

2 .... des mentalités envers les plus démunis.

3 .... des produits biologiques en hausse.

4 .... DU COÛT DE LA VIE.

5 .... d'un accord entre les banques et les entreprises.

6 .... des produits de luxe pour les fêtes.

11 En principe…

Je suis une belle idée sur laquelle tout le monde semble d'accord. Mais, quand il s'agit de me mettre en pratique, c'est moins facile. Qui suis-je ? Pour le savoir, complétez la grille à l'aide des définitions.

1 Mettre quelque chose à disposition d'une personne, à condition qu'elle le rende.
2 Somme d'argent qui n'est pas dépensée mais économisée.
3 Recevoir quelque chose, en devenir propriétaire après la mort d'un proche.
4 Ensemble du capital financier et mobilier que l'on possède.
5 Adjectif familier qui signifie que l'on n'a pas ou peu d'argent.
6 Administrer, s'occuper de ses revenus financiers.
7 C'est le contraire d'une rentrée d'argent.

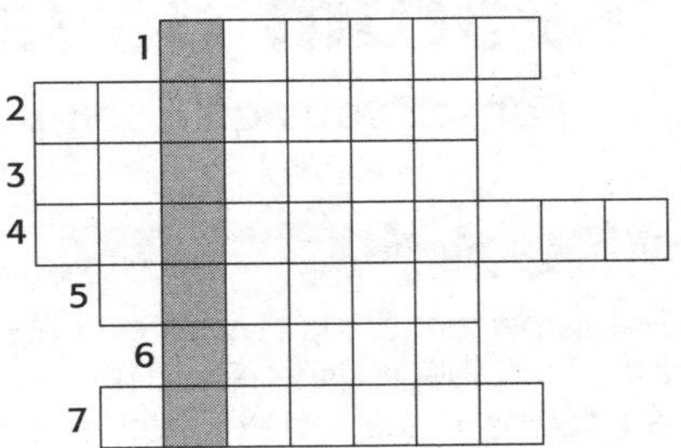

12 Par ici la monnaie !

Cochez les définitions exactes.

☐ 1 Jeter l'argent par les fenêtres : dépenser sans faire attention.
☐ 2 Mettre de l'argent de côté : économiser.
☐ 3 Faire de la monnaie : fabriquer des billets.
☐ 4 Être à court d'argent : ne plus avoir d'argent.
☐ 5 Prendre tout pour argent comptant : être naïf, crédule.
☐ 6 Être monnaie courante : être fréquent, banal.
☐ 7 Payer argent comptant : faire un crédit.

13 Infos-consommateurs.

Journaliste pour *Infos-consommateurs*, vous devez mettre en valeur les informations suivantes.

► ***Exemple :*** *Les différences entre les classes privilégiées et les classes moyennes se sont aggravées.*
→ ***Aggravation*** *des différences entre les classes privilégiées et les classes moyennes.*

1 Les habitudes de consommation des Français changent pendant l'été.

....

2 Les prix des communications téléphoniques vont être revus à la baisse.

....

3 La Bourse a ouvert à la hausse ce matin à Paris.

....

4 Certains magasins livrent gratuitement vos achats à domicile.

....

5 Chez Magiprix, les rayons consacrés aux produits équitables se développent.

....

6 Les femmes et les hommes se comportent différemment vis-à-vis de l'argent.

....

Comprendre

14 Forum.

Page d'accueil · Apple · iTools · Assistance Apple · Apple Store · Produits destinés aux ordinateurs Macintosh · Microsoft Office

Favoris · Historique · Recherche · Album · Garde-pages

> Forum de la semaine

Pensez-vous qu'il soit possible de vivre dans un monde sans argent ?

Thierry, Canada — 10/10/2004

Je suis persuadé que l'argent est néfaste pour l'être humain. Je sais bien que vivre d'amour et d'eau fraîche est impossible mais je rêve d'une société compréhensive, basée sur le partage, le « don » d'une partie de son temps, d'une société qui se soucierait du bien-être des individus qui la composent. Malheureusement, ce que je vois évoluer sous mes yeux, c'est l'individualisme au détriment de l'individu.

Anne, Belgique — 10/10/2004

Au lieu d'évoluer de façon intelligente, dans un but commun, le monde évolue dans son égoïsme, pour l'acquisition de biens personnels aussi futiles[1] que volatiles[2]. Les riches deviennent de plus en plus riches. Les pauvres deviennent de plus en plus pauvres. L'écart se creuse, s'agrandit. L'argent est une drogue. L'argent est un fléau[3] : l'argent tue. « On » tue pour de l'argent.

Fatima, France — 09/10/2004

Un instant ! Je me calme ! Selon Morgan, un tel sujet « ne devrait pas être accessible à tous » ! Parce que certains n'auraient, paraît-il, ni d'avis objectif ni de moyens de répondre ! Ceux qui ne sont pas d'accord avec Morgan ne sont pas tous des imbéciles ou des simples d'esprit !
Est-il nécessaire de préciser que tous ceux qui se sont sérieusement penchés sur ce sujet ne prétendent nullement être partisans du retour au troc[4] ? Aucun d'entre nous – ou si peu – ne préconise de renoncer à ce que la technologie peut nous apporter comme confort et qualité de vie.
L'argent n'est pas un mal en soi mais il est devenu un poison pour l'humanité. Un outil d'autodestruction dont elle abuse. Est-il nécessaire de rappeler que, pour des raisons d'argent, des milliards de gens souffrent de la faim – souvent même en meurent –, vivent dans la misère, ne profitent justement pas de cette technologie avancée dont parle Morgan... Est-il nécessaire de rappeler que, pour des raisons d'argent, les industriels polluent à qui mieux mieux[5] et que la planète gémit ? Tout ce qu'affirme Morgan me paraît donc hautement contestable pour ne pas dire absurde !

Morgan, France — 07/10/2004

Je voudrais tout d'abord dire que ce sujet vieux comme le monde ne devrait pas être accessible à tous. La plupart des réponses sont semblables aux réponses des Miss France : « L'argent, c'est pas bien parce que ça permet de faire la guerre et des enfants meurent de faim. » Franchement, c'est la réponse type de toute personne n'ayant pas d'avis ni les moyens de répondre.
Nous le savons, l'argent est une invention de l'homme. L'homme est de nature mauvais : avant l'argent, il y avait le troc. Une telle régression serait-elle possible ? Certainement pas. Troc = régression = vie sans confort. Nous nous sommes habitués au confort, à la technologie. Pas moyen de casser ce processus.
Je trouve également qu'il est trop simple, bien trop simple, de rejeter la faute sur l'argent. Quelle hypocrisie de personnifier l'argent comme un démon destructeur et quelle naïveté de croire que, sans argent, le monde tournerait mieux !
Le vrai problème n'est pas l'argent, c'est l'homme. Croyez-vous que, si nous vivions sans argent et que si tout était public, les voleurs et les hommes cupides[6] cesseraient d'exister ? L'homme trouverait autre chose pour se défouler[7] et faire ressortir ses instincts les plus primitifs. Non, arrêtez de rejeter la faute sur l'argent et acceptez votre nature, qui est la mienne également, la nôtre à tous, et qui est notre véritable problème !

1. Sans intérêt. 2. Qui disparaissent facilement. 3. Une catastrophe. 4. Système d'échange d'un bien contre un autre bien. 5. À qui fera mieux (ou plus) que l'autre. 6. Obsédés par le gain d'argent. 7. Libérer son agressivité.

Zone Internet

1 Lisez le point de vue des internautes ci-contre et dites si la vision que chacun d'eux a de l'argent est positive ou négative.

	Vision positive	Vision négative
Thierry	☐	☐
Anne	☐	☐
Fatima	☐	☐
Morgan	☐	☐

2 Lisez à nouveau le point de vue des internautes.

a Repérez les trois expressions imagées qui correspondent aux définitions suivantes.

1 vivre sans se préoccuper des nécessités matérielles : ....

2 la différence devient de plus en plus profonde : ....

3 la terre crie de douleur : ....

b Relevez les énoncés qui illustrent les affirmations suivantes.

L'argent est nécessaire	L'argent est dangereux
....	*L'argent est néfaste* ....
....	....
....	....
....	....
....	....
....	....

c Associez les paroles suivantes à l'une des personnes qui s'expriment dans le forum. Justifiez votre réponse à l'aide d'une des phrases du forum.

1 On passe notre temps à acheter des trucs absolument inutiles, très vite remplacés par d'autres trucs tout aussi inutiles !

→ ....

....

2 C'est la nature humaine qu'il faudrait changer, et non pas ce qui nous sert de monnaie d'échange.

→ ....

....

3 Aujourd'hui, partout dans le monde, c'est chacun pour soi ! On n'est plus capable de générosité.

→ ....

....

4 Ce qui est quand même incroyable, c'est de se dire que l'argent a aussi des conséquences sur l'environnement et donc sur notre avenir à tous !

→ ....

....

Écrire

15 Et vous, qu'en pensez-vous ?

Donnez, à votre tour, votre opinion sur le sujet proposé par le *Forum de la semaine* de l'activité précédente, en vous appuyant éventuellement sur l'opinion des autres internautes.

Page d'accueil · Apple · iTools · Assistance Apple · Apple Store · Produits destinés aux ordinateurs Macintosh · Microsoft Office

Favoris · Historique · Recherche · Album · Garde-pages

> Forum de la semaine

Pensez-vous qu'il soit possible de vivre dans un monde sans argent ?

Zone Internet

16 Enquête.

Le magazine *L'Expansion* vous demande d'accompagner chaque tableau suivant de commentaires qui résument l'opinion des Français sur l'argent.

En vous inspirant du document intitulé *Femmes fourmis, hommes joueurs* (leçon 29 du livre de l'élève, p. 91), rédigez deux courts articles précédés chacun d'un titre.

Quand vous pensez à des personnes qui ont fait fortune en quelques années, quelle est votre première réaction* ? (réponses données à l'aide d'une liste)

	Ensemble des Français
Ils l'ont mérité par leur travail ou leur compétence	43 %
Ils ont eu de la chance	25 %
Ils n'ont pas toujours dû être très honnêtes	20 %
Ils ont bénéficié de relations familiales ou amicales	9 %
Ne se prononcent pas	3 %

* Sondage exclusif CSA/*L'Expansion* réalisé les 5 et 6 mars 2003.

Vous personnellement, avez-vous déjà communiqué le montant de votre salaire aux personnes suivantes* ?

	Oui
Votre conjoint(e)	78 %
Vos collègues (question posée aux actifs uniquement)	66 %
Vos parents	59 %
Vos frères ou sœurs	56 %
Vos amis	51 %
Votre ou vos enfants	48 %

* Sondage exclusif CSA/*L'Expansion* réalisé les 5 et 6 mars 2003.

Unité 9

Du coq à l'âme

Grammaire — Les adverbes de manière, de degré et de temps

1 Étranges étrangers.

Lisez les paroles des touristes et mettez l'adverbe à la place qui convient.

1 Non mais c'est incroyable ! Ils ne savent même pas conduire. (correctement)

....

2 Tu parles d'une gastronomie ! On a mangé du riz et des frites. (seulement)

....

3 J'ai trouvé que les gens étaient mal habillés, non ? (assez)

....

4 Quoi, une grande puissance ? On a vu des gens pauvres, nous ! (surtout)

....

5 Tu as remarqué que les hommes portaient tous la moustache ? (pratiquement)

....

6 Les souvenirs, on les achète maintenant ou à l'aéroport ? (plutôt)

....

7 Ils ont une mentalité différente de la nôtre. (vraiment)

....

2 Diplomatiquement correct.

Chargé(e) des relations avec la presse à l'ambassade de France, vous répondez avec diplomatie aux questions de ce journaliste maladroit. Nuancez vos explications par un adverbe.

► ***Exemple :*** *Il paraît que les Français ont un esprit contradictoire. C'est vrai ? (temps)*
→ *Oui, c'est vrai qu'ils ont* ***parfois*** *un esprit contradictoire.*

1 On dit que les Français ne parlent pas d'autres langues que la leur. C'est exact ? (manière)

....

2 Selon vous, la cuisine française a-t-elle une réputation méritée ? (temps)

....

3 Est-ce juste que les touristes trouvent les Parisiens froids et distants ? (degré)

4 Aujourd'hui, les gens semblent tristes. C'est à cause de la situation économique ? (temps)

5 Comment les Français conduisent-ils, selon vous ? (manière)

6 Il paraît que la qualité de certains vins a baissé. Et vous, qu'en pensez-vous ? (degré)

3 La France au volant.

Nuancez l'article ci-dessous à l'aide des adverbes suivants : ***un peu – souvent – toujours – immédiatement – beaucoup – assez – à peu près – parfois.***

Alcool et volant

Les Français au volant font partie des conducteurs européens qui boivent, mais en petite quantité. Ils rejettent toute idée d'interdiction totale de l'alcool au volant mais ils essaient tout de même, dans leur grande majorité, de respecter les limites légales (peut-être parce qu'ils craignent d'être contrôlés). En fait, la lutte contre l'alcool au volant est bien acceptée dans notre pays…

Contrôles de vitesse

En cas de contrôle de vitesse par la police, les Français sont les plus nombreux à prévenir les autres automobilistes. Les Grecs et les Portugais font la même chose et les Italiens ne sont que 24 % à se prêter à ce petit jeu ! Voilà de quoi remettre en cause quelques idées reçues…

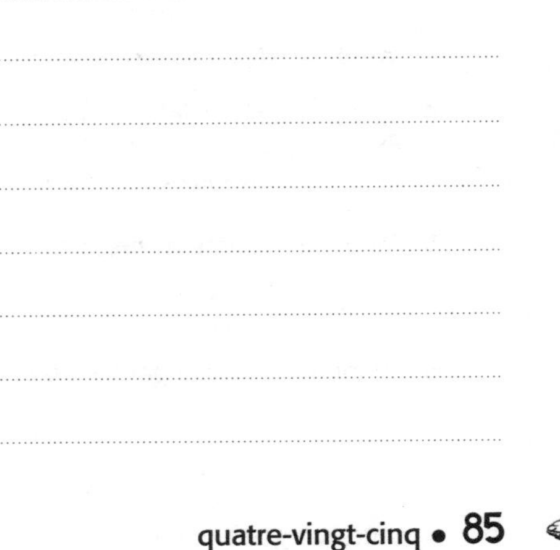

Grammaire — Le discours rapporté au passé et la concordance des temps

4 Sociologiquement vôtre.

Transformez les phrases comme dans l'exemple.

► ***Exemple :*** *Cette tendance se confirmera bientôt.*
→ *Le sociologue a expliqué que cette tendance se confirmerait bientôt.*

1 La sociabilité est devenue une valeur importante.
Il a déclaré que

2 La politique et la religion sont en nette régression.
Il a expliqué que

3 Le mariage classique continuera à décliner.
Il a affirmé que

4 Le modèle de famille traditionnelle a beaucoup évolué.
Il a constaté que

5 Les personnes âgées retrouveront nécessairement une place dans la société.
Il a ajouté que

6 Les jeunes demandent plus de stabilité sociale.
Il a remarqué que

7 Les valeurs traditionnelles seront sûrement bouleversées.
Il a annoncé que

5 Choix difficile.

Retrouvez les questions posées au responsable de la communication de La Poste lors du résultat du concours.

► ***Exemple :*** *Une journaliste lui a demandé si le nouveau timbre avait été choisi par le président de la République.*
→ *Est-ce que le nouveau timbre a été choisi par le président de la République ?*

1 Quelqu'un a voulu savoir comment les finalistes avaient été sélectionnés.

2 L'un des participants lui a également demandé combien de dessins ils avaient reçus.

3 Une femme l'a interrogé pour savoir ce qui séduisait le Président dans cette nouvelle Marianne.

4 Une adolescente lui a demandé si la femme du Président avait donné son avis.

5 L'une des personnes présentes a voulu savoir ce que le lauréat allait gagner exactement.

6 Un journaliste étranger l'a interrogé pour savoir si on trouverait la nouvelle Marianne sur d'autres supports.

6 Les valeurs des Français.

Rapportez les paroles de Noëlle Lenoir et de Philippe de Villiers.

Utilisez les verbes introducteurs suivants : *dire – expliquer – répondre – déclarer – préciser – constater que*.

Deux semaines avant les élections, Noëlle Lenoir, ancienne ministre déléguée aux Affaires européennes, et Philippe de Villiers, chef de file des souverainistes[1], confrontent leurs motifs de mécontentement… ou de satisfaction.

Les Français sont-ils devenus antieuropéens ?

Noëlle Lenoir. – D'un sondage à l'autre, les sentiments varient. Quand l'économie va mal, les gens se retournent contre le gouvernement et maintenant contre l'Europe. Ils ont compris que beaucoup de décisions les concernant en dépendent et ils regrettent que l'Europe leur apporte moins que ce qu'ils en attendent. Si la classe politique les aidait à réfléchir plus sereinement sur l'Europe, ils auraient certainement une idée plus claire de ce qu'elle représente.

Philippe de Villiers. – Les Français sont de plus en plus ouverts à une Europe de l'échange, des peuples, de l'université, du voyage, de la découverte mutuelle, mais l'adhésion à l'Europe normative de Bruxelles a décru[2]. Il y a les décisions discutables de la Commission et les deux grandes promesses de la décennie qui n'ont pas été tenues…

Propos recueillis par
Christophe Barbier et Alain Louyot.
L'Express, 31/05/2004.

1. Personnes qui souhaitent que le pouvoir politique ne soit pas soumis au contrôle de l'Europe.
2. Verbe *décroître* : a diminué.

On a demandé à Noëlle Lenoir et Philippe de Villiers si les français [illegible] était devenu

Noëlle Lenoir a repondu *que* es sentiment variaient quand l'economie allait mal les gens ......

Philippe de Villiers a repondu *que* les français étaient de plus en plus ouvertes à une ~~Europe~~ Europe de l'échange.

7 Message.

En l'absence de votre collègue de travail, vous êtes chargé(e) de relever ses messages téléphoniques et de les lui transmettre par courriel. Lisez le message suivant et rapportez à votre collègue les informations qu'il contient.

> Oui, bonjour. Ludmilla Popova à l'appareil. Je suis journaliste pour « Courrier international » et je souhaiterais écrire un article sur le comportement des Français à l'étranger. Comme je sais que vous avez réalisé une enquête à ce sujet, j'aimerais vous interviewer. Mon article sera publié en décembre. Pouvez-vous me rappeler au 06 80 91 47 68, s'il vous plaît ? Merci.

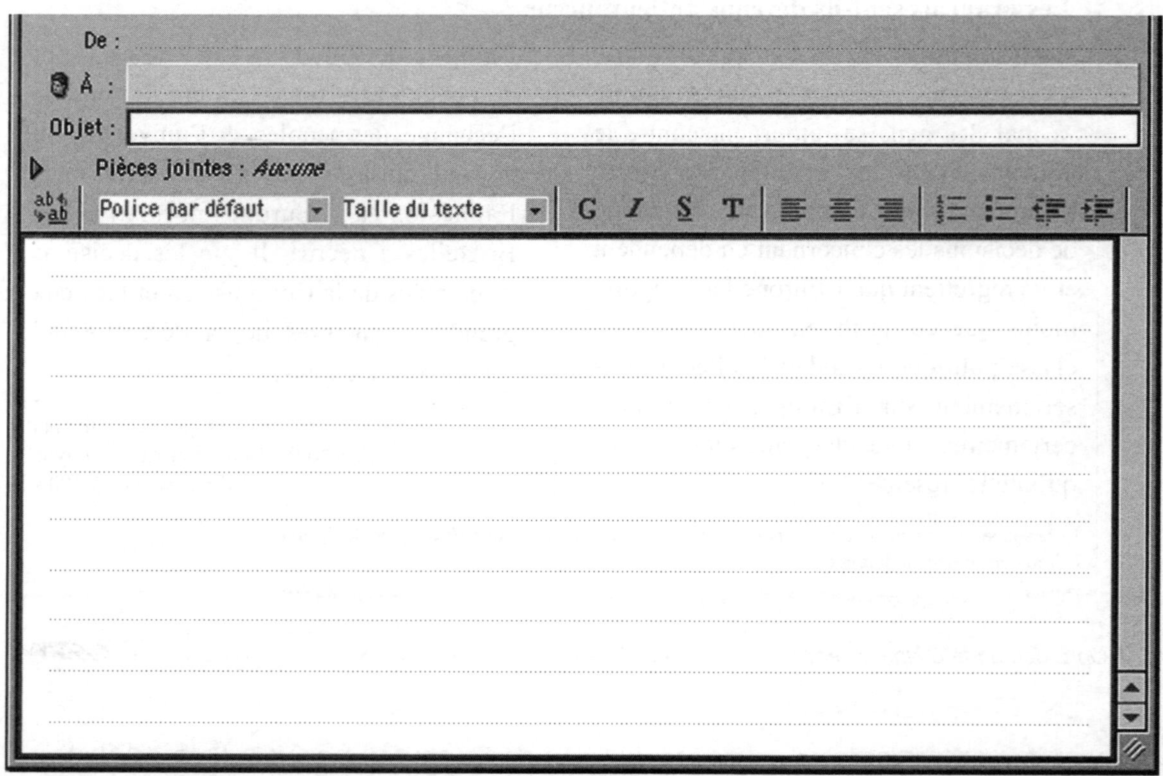

Vocabulaire

8 Paroles de Français.

Cochez, à chaque fois, les deux termes de sens identique qui conviennent.

1 Moi, j'en ai vraiment marre de tous ces … stupides sur la France et les Français ! Ça finit par m'énerver !
☐ clichés ☐ stéréotypes ☐ conflits

2 Qu'on ait choisi le coq comme … sportif me semble tout à fait représentatif de l'état d'esprit des Français.
☐ emblème ☐ critère ☐ symbole

3 Je trouve que la nouvelle Marianne … parfaitement les valeurs actuelles de la République. Bravo au créateur !
☐ interprète ☐ incarne ☐ représente

4 C'est vrai qu'ici, il y a un(e) … assez étrange vis-à-vis du code la route. C'est incroyable quand même !
☐ état d'esprit ☐ mentalité ☐ image

5 La France est actuellement en plein(e) … ; mais tout ça prendra du temps, c'est évident.
☐ symptôme ☐ bouleversement ☐ mutation

9 Qualités et défauts.

Indiquez si les traits de caractères suivants sont synonymes (=) ou opposés (≠).

1 arrogant = méprisant
2 calme = posé
3 courtois ≠ impoli
4 cultivé = instruit
5 fier ≠ modeste
6 réservé = discret

10 Entre symboles et clichés.

1 Complétez la grille à l'aide des définitions suivantes.

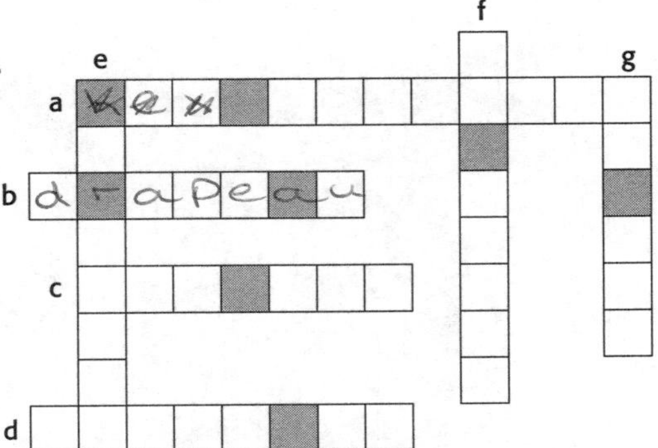

a Chant révolutionnaire devenu hymne national français.
b En France, il se compose de trois couleurs.
c Ce personnage de bande dessinée est connu pour son côté rebelle.
d Nom donné à la France en raison de sa forme.
e On trouve son buste dans les mairies et son visage sur les timbres.
f Cet aliment est devenu un véritable symbole de la France à l'étranger.
g Tour mondialement connue, je porte le nom de mon créateur.

2 On dit qu'en France il y en a autant que de jours dans l'année. Pour savoir de quoi il s'agit, retrouvez cet autre symbole de la France, grâce aux lettres situées dans les carrés gris.

11 Départ d'un symbole.

Lisez le sondage ci-contre, puis complétez le début du compte rendu ci-dessous à l'aide d'une expression de proportions.

Terminez ensuite le compte rendu de ce sondage sur le même modèle.

Zinedine Zidane a annoncé hier qu'il mettait un terme à sa carrière en équipe de France de football. Personnellement, regrettez-vous sa décision ?	
Oui	39 %
Non	55 %
Ne se prononcent pas	6 %

Parmi les joueurs suivants de l'équipe de France de football, lequel souhaiteriez-vous comme capitaine à la place de Zidane ?	
Fabien Barthez	26
Patrick Vieira	24
Robert Pires	20
Thierry Henry	20
David Trézeguet	5
Aucun de ceux-là	2
Ne se prononcent pas	3

Sondage Ifop, *Le Journal du dimanche*, 15 août 2004.

Les Français, le départ de Zidane de l'équipe de France et l'avenir des Bleus

Après l'annonce de son retrait de l'équipe de France, la majorité des Français ne regrette pas la décision de Zinedine Zidane. Ils sont plus de la moitié à s'être habitués à l'idée de son départ, alors qu' 1 Français sur 3 environ la déplore.

……………………………………………………………………

……………………………………………………………………

……………………………………………………………………

……………………………………………………………………

……………………………………………………………………

……………………………………………………………………

……………………………………………………………………

Comprendre

12 Sacrés Français !

PAS MAL, ISTAMBUL, MAIS ÇA CHANGE PAS TELLEMENT DE BARBÈS[2] ...

Quand le Français manque à ses devoirs de vacances

par Pierre Leonforte

Il paraît que quatre Français sur dix ne partent jamais en vacances. Tant mieux, cela en fait quatre de moins à supporter, mais il en reste six en circulation sur l'ensemble du territoire, si possible en bord de mer et le plus souvent hébergé chez des amis, des parents. Car si l'on en croit les statistiques, le Français rechigne à dormir à l'hôtel, boude le camping, le train, et n'aime rien tant que s'entasser dans sa voiture pour rallier la maison des cousins qu'il se garde bien de fréquenter entre septembre et juin. En fait, à l'image de bien d'autres peuples, le Français en vacances est un être grégaire qui, tout comme le hareng[1], se montre incapable de vivre seul et se déplace en bancs immenses à dates fixes. À la différence du hareng, le Français rouspète du matin au soir. Tout l'irrite, un rien l'énerve. Du coup, le Français se coltine la plus mauvaise réputation du monde chez les hôteliers et les restaurateurs des cinq continents. Le Français, qui n'est pas spontanément un grand voyageur, compare toujours ce qu'il visite à son aune personnelle. Sorti du pays (28 % en Europe, 12 % sur d'autres continents), il ne lâche pas son vieux *Guide du routard*, vérifiant que tout ce qui est imprimé est bien en place. Si d'aventure il manque un arbre, qu'un musée est fermé ou que le prix de la chambre d'hôtel a triplé depuis 1992, il se met dans tous ses états. Si nos voisins présentent aussi leur lot de défauts, le Français est le rare spécimen de la planète à être unanimement reconnu resquilleur, mauvais coucheur, mauvais payeur, etc.

Le Français qui n'a pas de cousin en bord de mer, pas de voiture et pas de congés est assurément le plus heureux des hommes. Et lorsque les autres sont en voyage, cela lui fait des vacances.

1. Poisson de mer vivant en groupes souvent immenses.
2. Quartier de Paris comptant une proportion importante d'immigrés.

Maison française, n° 530, juin 2004.

1 Lisez l'article ci-dessus.

a Indiquez de quel type de texte il s'agit.

☐ un commentaire lié à une enquête ☐ un compte rendu de sondage ☐ une analyse sociologique

b Relevez les mots ou expressions équivalant aux définitions suivantes (ces définitions suivent l'ordre du texte).

1 montre de la mauvaise volonté pour ....

2 manifeste peu d'intérêt pour ....

3 se serrer ....

4 rejoindre ....

5 qui aime être en groupe ....

6 proteste ....

7 par conséquent ....

8 se retrouve avec *(sens négatif)* ....

9 son environnement quotidien ....

10 par hasard ....

11 il est furieux ....

12 fraudeur, voleur ....

13 difficile à vivre ou à satisfaire ....

2 Lisez à nouveau l'article.

a Voici un extrait de l'enquête réalisée auprès des Français. Complétez, si possible, la grille en fonction des réponses données par la majorité d'entre eux.

1. Combien de fois par an partez-vous en vacances ?
- ☐ plus d'une fois par an
- ☐ une fois par an
- ☐ jamais

2. Quel moyen de transport utilisez-vous pour partir ?
- ☐ le train
- ☐ la voiture
- ☐ l'avion
- ☐ un autre moyen de transport

3. Où résidez-vous en général ?
- ☐ en camping
- ☐ en résidence secondaire
- ☐ à l'hôtel
- ☐ chez des proches
- ☐ en location

4. À quelle période de l'année partez-vous généralement en vacances ?
- ☐ entre septembre et juin
- ☐ en juillet ou en août

5. Quelle est votre destination préférée ?
- ☐ la campagne
- ☐ la montagne
- ☐ la mer
- ☐ autre

6. Prenez-vous vos vacances en France ou à l'étranger ?
- ☐ en France
- ☐ à l'étranger

b Observez le dessin et repérez la phrase qui, dans l'article, résume le point de vue du dessinateur concernant les Français.

....

c Cochez les principaux traits de caractère des Français, selon le journaliste. Justifiez chacune de vos réponses à l'aide d'une phrase du texte.

☐ **1** solitaires ☐ **3** tatillons[1] ☐ **5** râleurs[2]

☐ **2** malhonnêtes ☐ **4** respectueux ☐ **6** aventuriers

1. Qui passent leur temps à s'occuper des détails. 2. Toujours mécontents.

....

....

....

d Relevez au moins deux phrases qui montrent que le journaliste emploie un ton ironique pour décrire les Français.

....

....

....

UNITÉ 9

Écrire

13 Jamais content !

Avant de partir à l'étranger, vous aviez acheté le *Guide du routard* concernant le pays où vous alliez. Malheureusement, lors de votre séjour, vous avez constaté quelques erreurs ou imprécisions dans les informations pratiques données par le guide. À votre retour en France, vous décidez d'adresser un courrier aux auteurs du guide afin de signaler les erreurs, apporter des corrections, manifester votre mécontentement.

Pour vous aider, vous pouvez vous inspirer de la lettre de la leçon 4 du livre de l'élève, p. 19.

14 Encore et toujours mécontent !

Rédigez, pour chacune des situations suivantes, un message court, mais clair et précis.

1 Vos voisins ont fait du bruit jusqu'à 3 heures du matin. Le lendemain, vous affichez un message dans le couloir de l'immeuble afin de rappeler poliment à l'ensemble des locataires qu'il est interdit de faire du bruit après 22 heures.

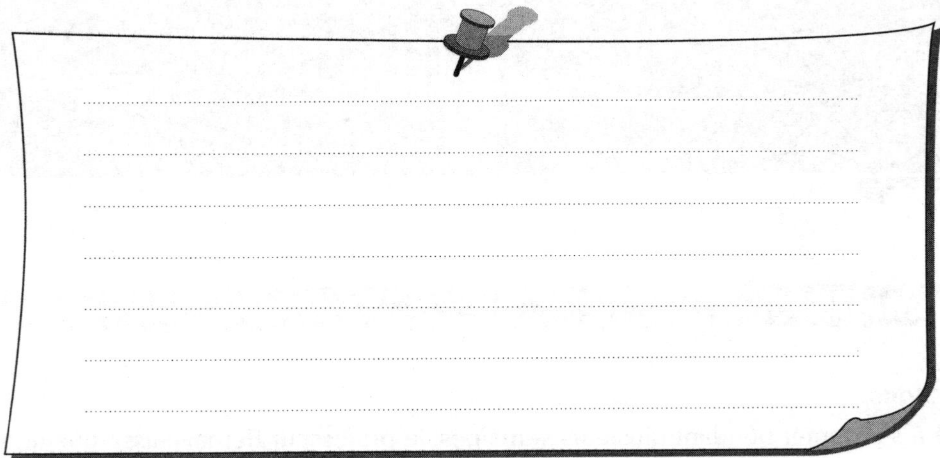

2 Avant de quitter un grand hôtel dans lequel vous avez passé le week-end, on vous demande de remplir un questionnaire de satisfaction. Extrêmement déçu(e) par la qualité du service, vous profitez de cette occasion pour manifester votre mécontentement dans la rubrique *Commentaires*.

3 En vacances en France, vous décidez de visiter un des châteaux de la Loire. Malheureusement, malgré le prix élevé de l'entrée, le guide semble totalement amateur et la visite se fait à un rythme beaucoup trop rapide. En quittant les lieux, vous exprimez votre colère dans le livre d'or du château.

Unité 10

C'est pas demain la veille !

Grammaire — L'expression de l'avenir

1 Instructions.

Amené à s'absenter pendant plusieurs semaines, le professeur Bernay laisse quelques instructions à ses collaborateurs. Transformez-les comme dans l'exemple.

► ***Exemple :*** *Après avoir reçu la nouvelle machine, prenez contact avec le laboratoire Mérieux.*
→ *Quand vous aurez reçu la nouvelle machine, vous prendrez contact avec le laboratoire Mérieux.*

1 N'oubliez pas de me téléphoner après avoir terminé les premiers essais sur l'EXB-21.

....

2 Notez soigneusement toutes vos observations sur les fiches bleues et envoyez-les moi ensuite à Copenhague.

....

3 Vérifiez bien qu'il n'y a pas d'erreurs avant de faire suivre tous les résultats au laboratoire d'analyses.

....

4 Terminez la série de tests sur les microprocesseurs et communiquez les résultats au professeur Scholl.

....

5 Finissez impérativement les recherches sur les capteurs électromagnétiques avant de me rejoindre au Danemark.

....

6 Inscrivez-vous pour le prochain colloque, en mars ; dites ensuite à Julia de s'occuper des réservations d'hôtel.

....

2 C'est pour aujourd'hui ou pour demain ?

Complétez avec *dans quelques minutes, la semaine suivante* ou *dans un an*.

1 Dépêchez-vous ! La conférence sur la bioéthique commence ....

2 La loi sur le clonage thérapeutique sera probablement votée à l'Assemblée ....

3 À l'époque, le comité d'éthique avait annoncé que le débat s'ouvrirait ....

4 Le gouvernement va certainement prendre des mesures ....

5 On pourra peut-être envisager tout ça ....

6 Personne n'imaginait que le ministre de la Santé abandonnerait le projet ....

3 Grosse déception.

Vous avez participé à la treizième édition de la Fête de la science et vous êtes extrêmement déçu(e) : en effet, la réalité était très différente du programme prévu.
Lisez la brochure de présentation de cette fête.
Puis, comme dans l'exemple, imaginez ce qui était annoncé et quelle a été la réalité.

► *Exemple : Je ne comprends pas, on m'avait dit que la fête aurait lieu sur toute la France et, dans ma région, il ne s'est rien passé.*

La Fête de la science 2004

Du 11 au 17 octobre 2004, la treizième édition de la Fête de la science aura lieu sur toute la France.
À cette occasion, de nombreux événements et manifestations seront organisés afin de promouvoir la culture scientifique et technique auprès des jeunes et moins jeunes.
Les thèmes principaux de cette année tourneront autour de sujets d'actualité (les biotechnologies, la gestion des ressources alimentaires et en eau, etc.).

Une multitude de manifestations

Des chercheurs, animateurs, éducateurs seront présents dans toutes les régions de France pour vous proposer de nombreux événements et manifestations : ateliers, conférences-débats, projections de films… Au cours de ces rencontres, chacun pourra discuter, échanger avec des chercheurs de toutes disciplines. De nombreuses universités et organismes de recherche iront également à la rencontre du public afin d'essayer de transmettre leur intérêt pour la science.

1 J'avais lu dans la presse que ....

....

2 Ils avaient annoncé que ....

....

3 J'avais entendu dire que ....

....

4 Par téléphone, on m'avait précisé que ....

....

5 Ils avaient même ajouté que ....

....

4 Micro-trottoir.

Lisez les commentaires des Français sur l'avenir de la planète et conjuguez les verbes aux temps qui conviennent.

1 Personnellement, je suis très pessimiste. Je crois que les gens .... (comprendre) ce qui se passe vraiment quand il .... (être) trop tard et que tout .... (détruire) déjà. C'est maintenant qu'il faut réagir ! *(Gina, 42 ans)*

2 Alors, moi, je suis convaincue qu'on .... (trouver) très bientôt un moyen efficace de lutter contre les maladies génétiques. La recherche progresse tellement vite ! *(Mélina, 18 ans)*

3 Quand j'étais petit, j'imaginais qu'un jour la science .... (pouvoir) tout résoudre et qu'il n'y .... (avoir) plus ni famine ni maladie. Je me rends compte, aujourd'hui, que j'étais bien naïf. *(Kamel, 25 ans)*

4 C'est amusant, votre question, parce que je .... (participer) justement demain et après-demain à un séminaire sur l'avenir de la planète ! *(Étienne, 35 ans)*

5 Je me sens vraiment concernée par tout ça. Quand, dans deux ou trois ans, j' .... (terminer) mes études et qu'il .... (falloir) que je choisisse un boulot, j'aimerais bien, à mon niveau, essayer de changer le monde. *(Andrea, 21 ans)*

6 Il y a quarante ou cinquante ans, on ne pouvait pas imaginer qu'on .... (réussir) un jour à cloner un être humain. Alors, là, je suis incapable de vous dire à quoi .... (ressembler) notre planète dans les cinquante prochaines années. En tout cas, moi, je ne .... (être) plus là pour en parler, et c'est tant mieux ! *(Louis, 75 ans)*

Grammaire — Les marqueurs chronologiques

5 Petite histoire du clonage.

Situez les différents événements dans le temps, grâce aux marqueurs chronologiques suivants : ***l'année suivante – en 2003 – cette fois-ci – du début des années 1980 – le 5 juillet 1997 – à l'époque.***

Dolly, Charlie et autres clones

La brebis Dolly, qui est morte .... (soit six ans après sa naissance ....), est le premier clone de mammifère obtenu à partir d'une cellule adulte. ...., la même expérience était tentée aux États-Unis et au Japon, mais, ..., sur des vaches.

Les premiers succès obtenus datent, en fait, ... : les expériences portaient, ..., sur le premier stade de développement de l'embryon.

Le Mag des Juniors.

6 Mode d'emploi.

Voici un extrait de la notice d'accompagnement de l'Aïbo ERS-7.
Lisez-la et entourez les marqueurs chronologiques qui conviennent.

- Lorsque vous recevez le nouvel Aïbo ERS-7, il est (d'abord – instantanément) important de vous familiariser avec lui. (Jadis – Ensuite), avant de commencer à jouer, n'oubliez pas de lui faire reconnaître votre voix et votre visage. Vous verrez qu'(encore – en un rien de temps) Aïbo sait se montrer extrêmement joueur et affectueux.
- N'oubliez pas non plus de lui montrer (fréquemment – pour quelques minutes) de l'attention ; sinon, comme un véritable chien, il peut avoir très mauvais caractère !
- L'Aïbo ERS-7 est garanti (pour une durée de deux ans – l'année suivante). Nous vous conseillons cependant de contrôler (tout à coup – régulièrement) son bon fonctionnement.

7 Biographie.

Rédigez une courte biographie de Marie Curie en variant les marqueurs chronologiques.

7 novembre 1867	Naissance de Marya Sklodowska à Varsovie.
septembre 1891	Arrivée à Paris. Inscription à la Sorbonne. Elle francise son prénom : Marya devient Marie.
printemps 1894	Rencontre avec Pierre Curie, physicien déjà célèbre à trente-cinq ans.
25 juillet 1895	Mariage à la mairie de Sceaux.
10 décembre 1903	Prix Nobel de physique pour les époux Curie.
1906	Décès de Pierre Curie. Elle devient la première femme de France à accéder à un poste de professeur dans l'enseignement supérieur (à la Sorbonne).
1911	Prix Nobel de chimie.

Marya Sklodowska est née ....

Vocabulaire

8 Un mot pour l'autre.

Cochez le terme de sens identique.

1 la législation	☐ la loi	☐ l'Assemblée nationale	☐ l'autorisation
2 le garde des Sceaux	☐ le président de la République	☐ le ministre de la Justice	☐ le Premier ministre
3 abolir	☐ supprimer	☐ élire	☐ voter
4 un délit	☐ une amende	☐ un crime	☐ une plainte
5 un scrutin	☐ un sondage	☐ une élection	☐ un texte de loi
6 un législateur	☐ un député	☐ un électeur	☐ un agent de police

9 Toute la presse en parle !

Complétez les coupures de presse ci-dessous à l'aide des termes suivants : *enceintes* – *pilule abortive* – *avorter* – *bioéthique* – *des interruptions volontaires de grossesse* – *contraception* (2 fois) – *clonage*.

1 .... chez soi : la loi du 7 juillet 2001 prévoyait déjà cette possibilité. La décision, longtemps repoussée, est en train de devenir une réalité. Le RU486 – appelé aussi .... – sera bientôt disponible dans les pharmacies. Les médecins et les gynécologues de ville qui le souhaitent pourront alors pratiquer .... (IVG). Ce dispositif ouvre aux femmes, pour la première fois, la possibilité de choisir le moment et le lieu de leur IVG.

Laurent Simon, *L'Express*, 19/07/2004.

2 Un tiers des femmes .... le deviennent alors qu'elles prennent une .... Il existe donc beaucoup d'échecs ! C'est dire que la .... idéale n'est pas encore découverte.

aufeminin.com

3 Après le vote au Sénat de la nouvelle loi de ...., qui prévoit une peine de sept ans de prison pour le .... thérapeutique, deux biologistes réagissent.

Le Nouvel Observateur, n° 1996, jeudi 6 février 2003.

10 E-commerce.

Lisez la publicité ci-dessous et retrouvez, parmi les définitions, celles des mots soulignés.

Passionnés de **bricolage**
et de **nouvelles technologies**,

CYBERBRICOLEUR
vous est destiné.

Vous trouverez, en effet, sur notre cyberespace :

- une large sélection d'appareils **électroportatifs** permettant d'effectuer tous types de travaux ;
- toute une gamme de **microordinateurs** ;
- un choix extrêmement important d'ouvrages relatifs à la **cyberculture**.

1 Qui fonctionnent à l'électricité et peut être transporté n'importe où : ....

2 Appareils informatiques de petite taille : ....

3 Lieu de rencontres ou d'échanges sur Internet : ....

4 Qui ne peuvent être vus sans instrument d'optique : ....

5 Ensemble des connaissances relatives aux techniques de communication moderne : ....

6 Qui utilisent l'énergie électrique : ....

11 Entre espoir et crainte.

Classez les mots suivants selon ce qu'ils expriment.

l'inquiétude – l'attrait – l'espoir – la peur – la confiance – l'appréhension – la trouille – la foi – l'angoisse – la crainte – l'intérêt

:-)	:-(
....	....
....	....
....	....
....	....
....	....
....	....

Comprendre

12 Gènes de champions. DELF

Champions, les embryons ?

La science est déjà capable de sélectionner des êtres humains fabriqués *in vitro* en fonction de la qualité de leur patrimoine génétique. Dans un avenir proche, ses progrès pourraient bien changer le corps des athlètes et le visage du sport. Le couple pourrait même devenir la première des usines à champions…

Ce sont deux mondes qui se croisent sans (encore) vraiment se connaître. Au nord du campus de l'Université de Californie à Los Angeles (UCLA), sur la piste du Drake Stadium, transpirent quelques-uns des meilleurs athlètes de la planète, Maurice Greene, Ato Boldon, Inger Miller, bientôt rejoints par Christine Arron. Vingt minutes de marche au milieu des pelouses […], et voici le monde beaucoup plus aseptisé des scientifiques de l'UCLA. Parmi ces champions en blouse blanche qui collectionnent les distinctions comme d'autres les médailles d'or, le docteur Gregory Stock a su se constituer un sacré palmarès au moins autant médiatique que scientifique.

Sélection puis manipulation

Le *« Maurice Greene de la bioéthique »* reconnaît bien volontiers qu'il n'est pas vraiment un fan de sport, tout en étant persuadé que ses travaux vont de plus en plus concerner ses voisins de campus du Drake Stadium. Car, à l'écouter, l'homme, et donc l'athlète du XXIe siècle, sera génétique ou ne sera pas. […] *« La question n'est plus de savoir si, mais quand cela va se passer »*, affirme dans un sourire qui se voudrait rassurant le bon docteur Stock.

Entendons-nous bien : aucun laboratoire, aux États-Unis ou ailleurs, ne travaille actuellement à la fabrication d'un superathlète, mais des recherches effectuées pour soigner, par exemple, des maladies très graves seront susceptibles d'être utilisées très bientôt en sport. Ainsi, le 13 novembre dernier, naissait à Clamart le jeune Valentin, premier bébé français issu d'une sélection génétique[1]. Lors d'une fécondation *in vitro*, les médecins ont conçu huit embryons : quatre étaient porteurs du gène d'une très grave maladie dont les parents de Valentin étaient porteurs, mais les quatre autres étaient viables. L'enfant est né de l'un de ces quatre embryons « sains ».

Le rapport avec le sport ? Énorme, affirment certains scientifiques essentiellement américains. *« Grâce aux tests génétiques, dans cinq à dix ans, on pourra sûrement identifier 80 % des enfants qui possèdent le potentiel nécessaire pour devenir un grand athlète. On saura même si l'enfant sera plutôt prédisposé à devenir un grand basketteur ou un bon nageur »*, annonce ainsi le professeur Lee Silver, généticien à Princeton. De la même façon qu'il existe certains *« mauvais »* gènes synonymes de maladies, il serait donc possible de déterminer quels sont les *« bons »* gènes de la performance sportive.

Voilà pour la sélection génétique. À un horizon beaucoup plus lointain, disons très approximativement la fin du siècle, les mêmes scientifiques américains nous promettent un phénomène encore plus inquiétant : celui de la manipulation. Il ne s'agirait plus seulement de choisir un embryon mais de le modifier, en lui inculquant génétiquement la précision d'un Tiger Woods ou la force athlétique pure d'un Shaquille O'Neal. Bref, des vrais bébés à la carte qui nous obligeront peut-être un jour à organiser deux sortes de compétitions sportives : celles réservées aux athlètes garantis 100 % humains et celles qui verront s'opposer des champions génétiquement modifiés…

Seule certitude ou presque : même si les embryons champions existent un jour, ils auront plus que jamais besoin après leur naissance des conseils avisés d'un bon vieux coach, ou d'un papa dévoué qui les emmène tous les jours à l'entraînement. *« Vous pouvez avoir un clone parfait de Michael Jordan, s'il ne grandit pas dans le même environnement, s'il ne possède pas la même motivation, il ne jouera peut-être jamais au basket, ou en tout cas pas au niveau de Jordan »*, prévient Gregory Stock.

Les gènes n'expliqueront jamais tout, et c'est très bien comme ça.

Jean-Philippe Leclaire, *L'Équipe*, 03/01/2001.

1. La loi française réserve l'utilisation de ce type de diagnostic uniquement à des familles touchées par une maladie « rare et incurable ».

1 **Lisez le titre et le chapeau de l'article ci-contre. Puis, indiquez en une phrase pourquoi un journal sportif comme *L'Équipe* s'intéresse à la génétique.**

....

....

2 **Lisez l'article.**

a **Expliquez les expressions suivantes.**

1 Le « Maurice Greene de la bioéthique » (2e paragraphe) : ....

....

2 des vrais bébés à la carte (5e paragraphe) : ....

....

b **Soulignez tous les marqueurs chronologiques et observez les informations qui les accompagnent. Puis, complétez le tableau suivant.**

Quand ?	**Quoi ?**
En 2000,	une équipe de médecins français a permis à un enfant, grâce aux techniques de sélection génétique, de ne pas naître avec la maladie incurable dont ses parents étaient porteurs.
Dans les prochaines années,	....
Dans un avenir bien plus éloigné,	....
Un jour peut-être,	....

3 **a** **Repérez les verbes utilisés pour citer les personnes interrogées. Classez-les selon qu'ils indiquent**

1 un constat : ....

2 une certitude : ....

3 une prédiction : ....

b **Dites, à partir de ce classement, si le point de vue des chercheurs interrogés est formel ou incertain.**

☐ formel ☐ incertain

c **Justifiez votre réponse précédente à l'aide de l'une des citations du docteur Stock.**

....

4 **Relevez quelles sont, en dehors du profil génétique, deux des conditions nécessaires pour faire un grand champion.**

....

....

....

Écrire

13 Courrier des lecteurs. DELF

Vous venez de lire l'article paru dans le journal *L'Équipe* (ci-dessus, p.100) et vous aimeriez apporter votre point de vue sur les sélections et les manipulations génétiques, notamment – mais pas exclusivement – dans le cadre du sport.

Envoyez une lettre au courrier des lecteurs de ce quotidien.

Messieurs,

Je viens de lire, dans votre dernier numéro, un article intitulé « Champions, les embryons ? » et j'aimerais vous faire part de mes réactions ……

14 La maison de demain.

Journaliste pour un magazine grand public, vous venez de découvrir la publicité ci-dessous.

Vous décidez, à l'aide des informations figurant dans cette publicité, de rédiger un article dans lequel vous décrirez la maison de demain. Pensez à donner un titre et un chapeau à votre article.

TVLINK

Gérer ses automatismes grâce à un simple téléviseur et une télécommande…

Teleco Automation propose de centraliser les commandes d'automatismes avec le TVLink. Celui-ci permet de contrôler des équipements depuis un téléviseur ou un téléphone portable : éclairage, climatisation, alarme, volets, etc.
Sa capacité à gérer les alarmes le rend idéal pour la centralisation des événements et la prévention. Au moindre souci, TVLink envoie un message vers un téléphone portable. Des actions peuvent alors être effectuées à distance : imaginez la réaction d'un malfrat* face à la chaîne hi-fi qui s'allume toute seule, les volets fermés et les lumières éteintes…
Les commandes à distance rendent bien d'autres services, pas seulement dans le domaine de la sécurité : entretenir un jardin depuis son lieu de vacances, chauffer la maison avant d'y arriver, ouvrir la porte du garage sans sortir sous la pluie, etc.

La maison de la domotique.

* Une personne malhonnête.

Unité 11

Culture : entre élitisme et démocratisation

Grammaire — L'expression de la conséquence

1 Visites guidées.

Transformez les phrases comme dans l'exemple.

► ***Exemple :*** *Le guide était captivant. On n'a pas vu le temps passer. (si... que)*
→ *Le guide était* ***si*** *captivant* ***qu'****on n'a pas vu le temps passer.*

1 Il faisait chaud. Nous ne sommes pas allés jusqu'en haut. (tellement... que)

....

2 Ce tableau a fait impression sur lui. Il n'a pas fait attention aux autres œuvres. (une telle... que)

....

3 On avait trouvé de la documentation sur Internet avant de venir. On était déjà bien préparés. (si bien que)

....

4 Il y avait des gens qui faisaient la queue. On a renoncé à l'excursion. (tellement... que)

....

5 Il y a toujours beaucoup de visiteurs au Grand Palais. Il vaut mieux réserver. (c'est pourquoi)

....

6 Mes parents m'obligeaient à aller voir des expos ennuyeuses. Aujourd'hui, je ne mets plus les pieds dans les musées. (c'est pour ça que)

....

2 Sale week-end !

Pour une fois que vous n'aviez pas de travail, vous aviez décidé de passer un week-end culturel en Bretagne. Malheureusement, rien ne s'est déroulé comme vous le souhaitiez.
Imaginez les conséquences des différentes situations suivantes (en utilisant à chaque fois une expression de conséquence différente).

► ***Exemple :*** *Il a plu tout le week-end.*
→ *Le week-end a été* ***tellement*** *pluvieux* ***que*** *je ne suis presque pas sorti de l'hôtel.*

1 Tous les musées étaient fermés.

....

2 J'avais oublié de prendre un ou deux livres avec moi.

....

3 Le seul château que j'aurais pu visiter n'avait pas un grand intérêt.

....

4 J'ai mangé dans un restaurant de pêcheurs : le poisson n'était pas frais.

....

3 Le monde du spectacle.

Complétez l'article avec les verbes et expressions suivants : *tellement* + adjectif + *que* – *provoquer* – *donner lieu* – *un(e) tel(le)* + nom + *que* – *si* + adjectif + *que*.

Crise
dans le monde du spectacle

La remise en cause du statut des salariés intermittents .... à de nombreuses réactions dans le monde du spectacle. Par ailleurs, les manifestations qui ont suivi l'annonce faite par le gouvernement se sont déroulées dans .... climat de tension .... les forces de l'ordre ont dû intervenir.

Elles ...., en outre, l'annulation de nombreux festivals durant l'été. Pour sa part, le public ne s'est pas montré très solidaire avec les professionnels du spectacle dont il ne comprend pas toujours la situation. Les intermittents, eux, se disent .... menacés .... ils sont prêts à poursuivre leur action pour une durée indéterminée. Interrogé sur ce sujet, le ministre de la Culture considère que « la situation est .... confuse .... on ne saurait dire comment elle va évoluer ».

Grammaire — L'expression du but

4 Festivals d'été.

Complétez les articles avec les expressions suivantes : *afin de – le but est de – l'objectif…, c'est que – afin que.*

1

Argelès-sur-mer
Les Méditerranéennes

Depuis sa création en 1996, le concept de ce festival s'est modifié. Aujourd'hui, ... multiplier les ouvertures en invitant cousins et voisins, comme les Italiens de Modena City Ramblers ou Sabor de Gracia, nouveau groupe de rumba catalane.

2

Haute-Normandie
Régions sur Seine

.... de ce festival, ... la vallée de la Seine soit mise en valeur grâce à une grande variété artistique (théâtre, jazz, cabaret, danse, cinéma) ; tout ceci .... le public puisse profiter des spectacles dans des lieux inhabituels.

3

Capbreton (Landes)
14e RENCONTRES DE CONTREBASSE

.... partager sa passion avec tous, Christian Nogaro a imaginé, du 21 au 23 août prochains, une rencontre musicale à la fois plaisante et instructive.

5 La culture pour tous.

Membre d'une association culturelle, vous avez des projets pour votre ville. Présentez-les aux autres habitants et expliquez quels sont leurs objectifs.

▶ ***Exemple :*** *ouverture de la médiathèque le week-end – faciliter l'accès de tous à la culture. (afin de)*
→ *Il est important d'ouvrir la médiathèque le week-end afin de faciliter l'accès de tous à la culture.*

1 mise en place de la gratuité dans les musées pour les moins de douze ans – inciter les plus jeunes à visiter les musées (pour)

Nous voulons ....

2 construction d'une salle de spectacle de 2 000 places – accueillir un plus grand nombre de visiteurs (afin que)

Il est nécessaire que l'on ....

3 création d'une salle d'exposition – organiser des expositions régulières (pour que)

Il est indispensable d' ....

4 distribution du programme culturel dans les boîtes aux lettres – informer les habitants sur les possibilités qui s'offrent à eux (le but est de – afin de)

Pour nous, ...

6 Manifestations culturelles.

Voici deux manifestations organisées par le ministère de la Culture, en France. Imaginez, pour chacune d'elles, deux ou trois objectifs différents, en variant à chaque fois les expressions de but.

1

2

1 ....

....

....

....

2 ....

....

....

....

....

Vocabulaire

7 À chacun sa place !

Associez le lieu à la personne que l'on peut y rencontrer.

1 une salle de concert
2 un atelier d'artiste
3 une salle de danse
4 un théâtre
5 un cinéma
6 une bibliothèque
7 un monument historique

a un documentaliste
b une chorégraphe
c une habilleuse
d un projectionniste
e un conservateur
f une musicienne
g un sculpteur

8 Maux de l'art.

Terminez les phrases à l'aide des expressions suivantes : ***prendre des mesures – avoir accès – faire passer un message – satisfaire aux convenances – être fermé au public – mettre les pieds.***

1 Le vernissage de l'exposition ? Oh ! moi, vous savez, j'y vais juste pour ....

2 Pourquoi, tous les mardis, les musées .... ?

3 La baisse d'intérêt pour l'art est regrettable. Il faudrait ....

4 Les entrées des musées sont beaucoup trop chères ! Tout le monde devrait y .... !

5 Le rôle d'un artiste ? Avant tout, il doit ....

6 Enfant, il détestait les musées. Il ne voulait pas y ....

9 Identiques ou différents ?

Indiquez si les verbes suivants sont synonymes (=) ou de sens différents (≠).

1 distiller .... diffuser

2 infliger .... imposer

3 gaspiller .... réunir

4 dégoûter .... attirer

5 décroître .... décliner

6 stagner .... se généraliser

7 restreindre .... limiter

10 Fermeture annoncée.

La mairie a décidé de fermer le cinéma de votre village. Vous êtes membre du comité « Non à la fermeture ». Répondez aux questions du journaliste en employant les mots proposés, précédés d'un préfixe négatif.

▶ ***Exemple :*** *– Que pensez-vous de la décision de fermer le cinéma ? (acceptable)*
→ *– Je pense que cette décision est absolument* ***inacceptable****.*

1 – Pourquoi avez-vous décidé de faire part de votre action à la presse ? (tolérable)

– ....

2 – Quelle est la position de votre comité face à ce choix ? (un accord)

– ....

3 – Qu'allez-vous faire avec le festival Vive le ciné ? (programmer)

– ....

4 – Est-ce que vous pensez que la situation peut encore évoluer ? (possible)

– ....

5 – Le maire du village a-t-il écouté vos revendications ? (capable)

– ....

6 – Quelle impression cette décision a-t-elle provoquée chez les habitants ? (agréable)

– ....

11 Mais qui êtes-vous donc, exactement ?

Complétez le tableau suivant.

Lorsque…	vous êtes…
1 vous écoutez la radio	un ………………………… /une …………………………
2 vous regardez la télévision	un ………………………… /une …………………………
3 vous lisez un livre	un ………………………… /une …………………………
4 vous vous rendez dans un musée	un ………………………… /une …………………………
5 vous assistez à une pièce de théâtre	un ………………………… /une …………………………

12 Métiers de l'art.

1 Retrouvez sept métiers artistiques dans la grille.

D	Z	E	C	R	I	V	A	I	N	O	B	A
S	M	T	G	E	I	D	J	S	E	G	I	R
X	U	F	D	A	N	S	E	U	R	J	J	T
I	S	D	U	L	R	T	D	O	A	V	S	O
R	I	O	H	I	E	T	S	T	E	A	E	I
Q	C	M	U	S	C	U	L	P	T	E	U	R
W	I	A	D	A	T	S	E	R	D	S	A	H
P	E	I	N	T	R	E	D	K	H	I	N	X
R	N	S	Q	E	A	D	F	G	E	T	I	M
E	G	C	S	U	G	L	T	E	R	U	J	O
A	S	E	A	R	C	H	I	T	E	C	T	E

2 Dites à quel art chaque métier correspond.

► ***Exemple :*** *réalisateur → le cinéma*

a ………………………… → …………………………

b ………………………… → …………………………

c ………………………… → …………………………

d ………………………… → …………………………

e ………………………… → …………………………

f ………………………… → …………………………

13 À propos d'art.

Cochez les définitions exactes.

☐ **1** C'est une adepte du septième art : elle aime beaucoup le cinéma.
☐ **2** Lui, c'est un gros lecteur : il mange toujours en lisant.
☐ **3** Les visiteurs sont saisis par cette œuvre : ils sont très impressionnés.
☐ **4** Cet artiste initie une nouvelle démarche : il a inventé une nouvelle façon de marcher.
☐ **5** Il est en train de lire un pavé : son livre est très épais.
☐ **6** Ils sont amateurs d'art contemporain : ils aiment beaucoup l'art contemporain.

Comprendre

14 Entre lecture et écriture. DELF

1

Éditorial

OLIVIA DE LAMBERTERIE

Écrire, disent-ils

C'est le syndrome Star Académie[1]. Il suffisait de chanter pour être chanteur, aujourd'hui il suffit d'écrire pour être écrivain. La preuve en librairie, où 661 romans et 672 documents sont de sortie cette rentrée. Sachant que les Français lisent, en moyenne, treize livres par an, ils ont de quoi tenir jusqu'en 2106 ! Drôle d'époque où l'on peine à lire et où l'on rêve d'écrire. Qu'importe le contenu, pourvu qu'on ait[2] son nom sur la couverture. [...] À croire que la publication – la publicité de l'intime – est devenue l'ultime moyen de communication, remplaçant d'un même élan[3] dialogues, confidences et thérapie. Je vis donc j'écris. Pitié pour nous, pauvres lecteurs ! Pitié pour la littérature, celle qui est d'abord une esthétique, une éthique, un point de vue, une philosophie, un mensonge, un voyage, une histoire, des grands mots qui font des grandes œuvres. Écrire, ce n'est pas seulement jeter son chagrin sur le papier, c'est le transformer, le transcender[4] par une alchimie de talent et de travail, heureusement mystérieuse, que tente de cerner Philip Roth dans un passionnant livre d'entretiens avec Primo Levi, Kundera, Isaac B. Singer et autres génies, *Parlons travail* (Gallimard). Lisez Roth, Jean-Paul Dubois, Martin Winckler, Marc Lambron, Daniel Rondeau, le très beau premier roman de Simon Liberati. Lisez plutôt que d'écrire ! Et si vraiment la plume vous démange, peaufinez[5] vos mails, spiritualisez vos textos, envoyez des lettres. Ça, ce serait une belle rentrée littéraire !

Elle, 30/08/2004.

1. Émission de télé réalité.
2. Du moment qu'on a.
3. En même temps. 4. Dépasser.
5. Réalisez avec soin.

2

L'évolution technologique modifie la place du livre dans la société...

Le développement de l'audiovisuel a transformé la relation à la connaissance et à l'information en privilégiant l'image par rapport aux mots et en favorisant les formats courts (clips vidéo, reportages d'actualité...). Malgré la pression parfois exercée par les parents pour inciter les enfants à lire et à prendre du plaisir à la lecture, les jeunes trouvent à la télévision ou dans les jeux vidéo une satisfaction plus immédiate. Cette attitude est également apparente chez les adultes.

Mais les Français apprécient encore les livres. On constate d'ailleurs que ceux qui disposent du maximum d'équipements culturels (télévision, magnétoscope, micro-ordinateur...) sont aussi ceux qui lisent le plus. Mais beaucoup considèrent que la lecture nécessite un effort plus grand que les autres loisirs. La longueur des textes représente pour eux un obstacle. Certains éditeurs ont pris en compte cette évolution en proposant des livres plus courts. Ce raccourcissement des textes et des formats est généralement associé à une baisse des prix, qui rencontre une autre demande forte de la part du public. La « littérature rapide » s'adresse à la fois aux jeunes rebutés[1] par la lecture et aux adultes pressés.

... et les pratiques culturelles.

Les supports électroniques transforment la façon dont les individus appréhendent l'information. Alors qu'on lit un livre, qu'on parcourt un magazine et que l'on consulte un dictionnaire, on « navigue » sur Internet et dans les outils multimédias. Leur mode d'utilisation n'est plus linéaire. [...]

Surtout, l'itinéraire de la navigation est totalement personnalisé, ce qui fait du multimédia un outil pédagogique exceptionnel. Après avoir influencé largement l'utilisation de l'audiovisuel, puis celle de la presse, la vague de fond du zapping concerne aussi le livre. Ces évolutions ne peuvent être sans incidence sur la production et la consommation des supports écrits. Elles en auront aussi sur la façon dont les nouvelles générations s'approprieront la culture.

Gérard Mermet, *Francoscopie* 2003 © Larousse 2002.

1. Découragés.

1 Lisez le document 1 ci-contre.

a Choisissez, parmi les trois chapeaux suivants, celui qui résume le mieux le constat formulé par la journaliste.

☐ 1 **L'amour que les Français manifestent à l'égard de la lecture les pousse très souvent à devenir eux-mêmes écrivains.**

☐ 2 *La rentrée littéraire révèle une disproportion importante entre le nombre de publications nouvelles et la quantité de livres que lisent les Français, chaque année.*

☐ 3 La médiocrité d'un très grand nombre d'œuvres littéraires contemporaines a progressivement éloigné les Français de la lecture.

b Indiquez quelles sont, selon la journaliste, les raisons qui poussent de plus en plus de personnes à vouloir écrire un livre.

☐ **1** la recherche de la célébrité
☐ **2** l'amour de la langue
☐ **3** l'envie de parler de soi
☐ **4** le désir d'égaler les plus grands auteurs
☐ **5** un moyen d'exprimer son mal-être

c À l'aide d'une ou plusieurs phrases du document, relevez :

1 le point de vue de la journaliste sur la qualité des nouvelles parutions littéraires :

....

....

....

2 le(s) conseil(s) qu'elle donne aux lectrices du magazine :

....

....

....

2 Lisez le document 2 et indiquez ce qui est dit.

1 L'audiovisuel a modifié les habitudes de lecture des Français.
2 La plupart d'entre eux sont en général plus attirés par les livres illustrés.
3 Les adultes ont un comportement extrêmement différent de celui des enfants concernant la lecture.
4 Les foyers équipés de matériel audiovisuel important sont ceux qui lisent le moins.
5 Pour beaucoup, lire est considéré comme un passe-temps qui procure un plaisir moins immédiat.
6 Un grand nombre de personnes souhaitent que les livres soient vendus moins cher.
7 L'utilisation d'Internet a des conséquences importantes sur la manière de lire un document.
8 Les supports écrits seront bientôt de plus en plus rares.

	1	2	3	4	5	6	7	8
Oui								
Non								
On ne sait pas								

UNITÉ 11

Écrire

15 Pratiques culturelles. DELF

Le magazine *Tendances* souhaite publier un dossier sur les pratiques culturelles et propose à ses lecteurs de réagir, par écrit, à la citation suivante : *Il faut être riche de temps et d'argent pour avoir une vie intellectuelle : la culture n'est pas à la portée des plus démunis de la société.* (Hélène Ouvrard, écrivaine québécoise.)

Écrivez au magazine pour donner votre opinion.

16 Faites de la musique ! DELF

Pour la 23e édition de la Fête de la musique, le site cybermusicales.com vous demande de rédiger une page Internet consacrée à l'historique de cet événement.

À l'aide des informations ci-dessous, écrivez un article de 200 mots environ.

- **21 juin 1982 :** première Fête de la musique, à l'initiative de Maurice Fleuret, Christian Dupavillon et Jack Lang (futur organisateur des Journées du Patrimoine). Horaires : de 20 h 30 à 21 heures. Succès inattendu, bien au-delà de la durée prévue.
- **1985 :** Année européenne de la musique. Participation de vingt pays à cet événement.
- **1992 :** dixième anniversaire de la Fête de la musique. Bicentenaire de la *Marseillaise* célébré par 700 musiciens militaires (Les Invalides, Paris).
- **1999 :** célébration de cette manifestation culturelle dans plus de cent pays.
- **2002 :** vingtième anniversaire. Pour l'occasion, réalisation de vingt affiches différentes. Plus de 12 000 concerts partout dans le monde. En France, près de 10 millions de personnes dans la rue pour écouter et découvrir près de 800 000 musiciens.

Unité 12

Entre sacré et profane

Grammaire — Les pronoms et les adverbes indéfinis

1 Quête intérieure.

Lisez l'appel à témoin et complétez-le avec les pronoms indéfinis suivants : *personne n' – chacun (2 fois) – tout le monde – quelque chose – rien... ne.*

Page d'accueil | Apple | iTools | Assistance Apple | Apple Store | Produits destinés aux ordinateurs Macintosh | Microsoft Office

Favoris | Historique | Recherche | Album | Garde-pages

Participez à notre forum sur

la spiritualité

En ce début de millénaire, pratiquement .... se pose des questions quant à la recherche de l'essentiel. On constate chez nos contemporains un regain d'intérêt pour de nouvelles formes de spiritualité, une quête vers .... de différent et de meilleur.

.... y échappe vraiment et ....
peut choisir : des pratiques traditionnelles aux techniques modernes de développement personnel, ... peut trouver son bonheur dans ce monde de nouvelles spiritualités. Si vous avez expérimenté ce type de recherche ou bien que, au contraire, ... de cela .... vous interpelle, envoyez-nous votre témoignage.

spiritualités@wazoo.com

Zone Internet

2 Débat.

Voici quelques phrases entendues dans une classe, au lycée, lors d'un débat sur la religion. Dites le contraire de ce que ces jeunes ont exprimé.

► *Exemple : Rien n'a changé dans le fonctionnement de l'église depuis des années. (Hugo, 15 ans et demi)*
→ ***Quelque chose*** *a changé dans le fonctionnement de l'église depuis des années.*

1 Dieu est présent partout, c'est une évidence ! *(Lily-Rose, 15 ans)*

....

2 Dans ma famille, personne n'a la foi. *(Lucas, 15 ans)*

....

3 Les religions ? Mais toutes sont pacifiques, absolument toutes ! *(Léonie, 16 ans)*

....

4 Chacun a la possibilité de choisir sa religion. *(Marjorie, 15 ans et demi)*

....

5 Moi, je suis persuadé qu'il existe quelque chose, quelque part ! *(Mehdi, 15 ans)*

....

6 J'ai déjà visité plusieurs villes saintes ; aucune ne m'a émue. *(Ambre, 16 ans)*

....

3 N'importe quoi !

Complétez les phrases suivantes par : *n'importe qui ! – n'importe quoi ! – n'importe où !*

1 Tu fais vraiment confiance à ....

2 Toutes ces croyances, c'est carrément ....

3 On ne constate quand même pas ce phénomène ....

4 Ça, sacré ! Mais, arrête un peu de dire ....

5 Pour être membre de la confrérie, il ne faut pas être ....

6 Pas besoin d'une église pour prier, on peut faire ça ....

4 Ni Dieu ni maître.

Athée convaincu, vous êtes résolument allergique à toute forme de spiritualité.
On vous interroge sur votre position. Répondez aux questions en utilisant un indéfini de sens négatif.

► ***Exemple :*** *– Quelle religion pratiquez-vous ? → – Absolument* ***aucune****.*

1 – Croyez-vous en quelque chose ?

– ....

2 – Pensez-vous que certaines croyances facilitent la vie ?

– ....

3 – D'après vous, où notre esprit se dirige-t-il après la mort ?

– ....

4 – Est-ce que vous savez à quoi correspondent les fêtes religieuses comme l'Ascension ou la Pentecôte ?

– ....

5 – Qui, selon vous, pourrait vous faire changer d'avis ?

– ....

6 – Que pensez-vous des nouvelles croyances ?

– ....

Grammaire — L'expression de l'opposition et de la concession

5 Avis partagés.

Lisez les opinions suivantes à propos du bizutage et entourez l'expression qui convient.

1 Aujourd'hui, le bizutage est considéré comme un délit ; (au contraire – pourtant), il se pratique encore.

2 (Même si – Bien que) tu sois contre, tu y as déjà participé, non ?

3 (Malgré – Au lieu de) crier au scandale, il faudrait mener une campagne de prévention.

4 C'est (au contraire – quand même) regrettable que de telles pratiques soient encore possibles !

5 (Malgré – Contrairement à) tous les efforts des pouvoirs publics, il y a encore eu des bizutages à la rentrée.

6 On ne comprend pas votre position : les rites de passage sont nécessaires (par contre – tout de même) !

7 Un nouveau règlement contre les brimades a été mis en place, (alors qu' – mais) on ne sait pas s'il sera respecté.

6 Contradictions apparentes.

À partir des dessins, imaginez les contradictions ou oppositions qu'ils évoquent. Proposez, à chaque fois, deux énoncés différents.

▶ *Exemple :*

→ ***Bien qu'****il ait un esprit très cartésien, il lit régulièrement son horoscope.*
→ *Il a un esprit très cartésien ;* ***cependant****, il lit régulièrement son horoscope.*

1 ....

....

2 ....

....

7 Même si…

Transformez les phrases comme dans l'exemple.

▶ ***Exemple :*** *Ses parents sont complètement athées. Il va régulièrement à l'église. (alors que)*
→ *Il va régulièrement à l'église* ***alors que*** *ses parents sont complètement athées.*

1 Dans ma famille, on fête Noël. On n'est pas catholiques. (même si)

....

2 En France, la fête des Morts, c'est triste. Au Mexique, c'est vraiment la fête. (alors que)

....

3 Tu crois tout ce qu'on te raconte ! Tu ferais mieux de réfléchir. (au lieu de)

....

4 Ce sont des gens très pratiquants. Ils ne font rien pour les autres. (bien que)

....

5 Tu es persuadé qu'il appartient à cette secte ; moi, je ne pense pas. (contrairement à)

....

6 C'est une fête extrêmement populaire. Elle a un côté très commercial. (malgré)

....

Vocabulaire

8 Fêtes religieuses.

Complétez avec une expression de la concession ou de l'opposition que vous connaissez.

.... le calendrier français compte de nombreuses fêtes religieuses, celles-ci n'ont plus la même importance qu'autrefois, aux yeux des Français, qui sont moins pratiquants. .... beaucoup d'entre eux vont encore se recueillir sur la tombe d'un proche le lendemain de la Toussaint, certains préfèrent en profiter pour partir le temps d'un week-end, ... d'autres préparent Halloween. ...., le jour de Noël reste .... un moment de partage privilégié pour la plupart d'entre eux .... les enjeux commerciaux que ce jour férié suscite.

9 Complémentaires.

Reliez les mots pour former des expressions.

1 exercer	**a** un sens à sa vie
2 rompre	**b** en Dieu
3 donner	**c** un juste milieu
4 croire	**d** une influence
5 trouver	**e** à l'église
6 se déclarer	**f** pratiquant
7 se marier	**g** avec ses habitudes

10 Paroles de bizutés.

Ajoutez un *s* si nécessaire.

1 Oh ! moi, j'ai eu de la chance ! Un autre étudiant devait me faire manger des petit.........-suisse.........* les yeux bandés. Bien évidemment, à la fin, j'en avais partout ! *(Greg, école d'infirmiers)*

2 Quatre autres étudiantes et moi, on nous a installées devant cinq pèse.........-personne......... ; le but du jeu, c'était de monter dessus par ordre croissant de poids, bien sûr sans parler. *(Hélène, fac de droit)*

3 Moi, on m'a obligé à me promener dans les rues de Toulouse avec deux abat.........-jour......... de tailles différentes sur la tête. J'étais ridicule ! *(Mauricio, école de commerce)*

4 Le bizutage dont j'ai été victime à mon entrée à la fac est vraiment à des année.........-lumière......... de tout ce que j'entends aujourd'hui. Dans mon cas, ça a été extrêmement convivial, en fait ! *(Mélissa, fac de médecine)*

5 Les anciens m'ont obligé à nettoyer tous les tableaux des salles de classe avec du papier-toilette parce que j'avais refusé de descendre dans les sous.........-sol......... de l'établissement. *(Alexandre, école d'ingénieurs)*

* Fromages blancs pour les enfants.

11 Affaires de religion.

1 Complétez la grille à l'aide des définitions suivantes.

a Nom synonyme de conviction.
b Suivre les usages de sa religion.
c Lieu de culte pour les protestants.
d Disciple, fidèle d'une religion.
e Ensemble de croyances et de pratiques.
f Qui ne croit pas en Dieu.
g Lieu de culte pour les catholiques.

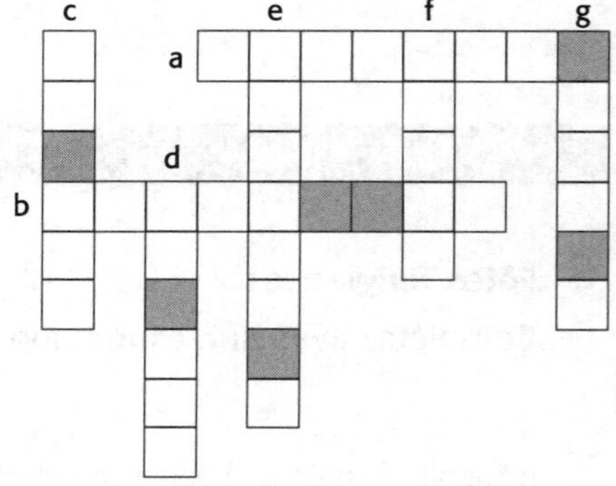

2 Retrouvez le nom d'un lieu de culte grâce aux lettres inscrites dans les carrés gris de la grille.

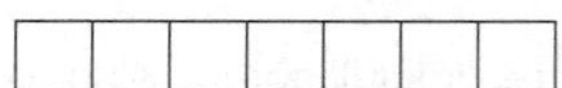

12 Discutons-en.

Retrouvez les avis des personnes interrogées en entourant le terme souligné qui convient.

1 Moi, toutes ces histoires de nouvelles religions, ça me laisse (sceptique – incontestable).

2 On l'obligeait à aller à l'église tous les dimanches : il est devenu complètement (religieux – athée).

3 J'accorde beaucoup plus d'importance à ma vie (mentale – spirituelle) depuis quelque temps.

4 Personne n'a jamais pu (pratiquer – prouver) que c'était un miracle. C'est ridicule !

5 Il s'est produit un(e) (phénomène – épreuve) étrange cette nuit. Tu es au courant ?

6 Tu devrais être un peu plus (dégradant – tolérant) à propos de la religion.

7 On ne peut pas t'obliger à (souffrir – subir) des actes humiliants.

13 L'indésirable.

Trouvez l'intrus dans les groupes de mots suivants.

1 ☐ tenté	☐ attiré	☐ osé	☐ séduit
2 ☐ métamorphose	☐ changement	☐ progrès	☐ mutation
3 ☐ magique	☐ normal	☐ surnaturel	☐ miraculeux
4 ☐ réception	☐ rite	☐ tradition	☐ coutume
5 ☐ éprouvant	☐ fatigant	☐ épuisant	☐ troublant
6 ☐ perceptible	☐ sensible	☐ émotif	☐ vulnérable

14 SOS bizutage.

Complétez le texte de la dépêche de l'agence de presse avec les mots suivants : *victimes – faire pression – loi – subir – honte – dégradants – soumis.*

Page d'accueil · Apple · iTools · Assistance Apple · Apple Store · Produits destinés aux ordinateurs Macintosh · Microsoft Office

Favoris · Historique · Recherche · Album · Garde-pages

SOS bizutage **met en place un numéro de téléphone contre le bizutage**

L'association SOS bizutage a mis en place pour cette rentrée un numéro de téléphone destiné aux jeunes qui craindraient de .... un bizutage ou auraient été .... d'actes ...., a-t-elle annoncé vendredi.

Le numéro permettra d'être mis en contact directement avec Jean-Claude Delerue, professeur d'université et fondateur en 1987 de l'association.

« La mise en place de ce numéro a pour but que ceux qui craignent un bizutage, ou qui y sont .... puissent nous prévenir afin que nous puissions intervenir, disons-le, pour .... sur l'établissement scolaire », a déclaré M. Delerue.

Selon lui, une semaine après la rentrée scolaire, un cas lui a déjà été signalé, dans une faculté de médecine et de pharmacie, filières où les bizutages sont traditionnels.

Depuis 1998, le bizutage est interdit par une .... qui a, selon M. Delerue, « considérablement amélioré les choses ». Mais la loi du silence existe toujours ; « certaines écoles privées comptent sur le fait que les gens qui subissent le bizutage ont .... et préfèrent ne pas en parler », a-t-il assuré.

Zone Internet

Comprendre

15 **Les temps changent.** DELF

Miracle : l'Église attire les foules

Longtemps méfiante à l'égard d'une religiosité trop traditionnelle, l'Église française mise[1] désormais sur ces grands rassemblements de ferveur[2] populaire.

Miracle : l'Église attire les foules. Des vierges en plastique faisant office de gourdes[3], des icônes qui clignotent[4] et… un Saint-Père[5]. Lourdes, supermarché de la piété[6] avec ses 52 messes par jour, ses 22 lieux de culte et ses 400 marchands de souvenirs, reçoit Jean-Paul II pour l'Assomption. C'est l'endroit par excellence où prier la Vierge puisqu'en 1858 elle est apparue 18 fois à une jeune fille, Bernadette Soubirous, dans la grotte de Massabielle. Des apparitions suivies immédiatement d'un premier miracle. Catherine Latapie se rend à la grotte et trempe son bras déboîté[7] dans l'eau de la source : son bras et sa main retrouvent leur souplesse. Depuis cette date, près de 7 000 personnes ont fait état de guérisons subites. Lourdes est devenue un des sanctuaires les plus visités. La « terre à miracles » a attiré 6 millions de visiteurs en 2003, dont environ 80 000 malades.

Avec la venue du pape, la majorité de l'épiscopat[8] français fera le déplacement dans le sanctuaire marial[9]. Une image surprenante que ces 60 évêques dans le temple de la ferveur populaire. L'Église française s'est en effet longtemps montrée méfiante à l'égard d'une dévotion très démonstrative et de ses éventuelles dérives superstitieuses. *« En France, on a privilégié une ferveur plus intellectuelle. Dans les années 1970, cela s'est traduit par la disparition des objets de piété populaire comme les statues en stuc, de tout ce décor un peu baroque qui donnait à celui qui avait la foi l'impression d'être au paradis »*, raconte Alain Vircondelet, auteur d'une récente biographie du pape*. Pour l'Église de France, une foi adulte devait s'exprimer différemment. *« La piété populaire n'a pas bonne réputation dans la société occidentale, où elle est considérée comme dérisoire et ridicule »*, poursuit Alain Vircondelet.

L'Église française a pourtant fini par s'y mettre et se réjouit aujourd'hui du retour à une foi simple, comme le précise Mgr[10] Perrier, évêque de Tarbes et de Lourdes. *« Le Christ a parlé à des foules, notre religion est par essence populaire. »* Sous l'influence de Jean-Paul II d'abord, les grands rassemblements se sont multipliés. Question de pragmatisme aussi : en 2003, 12 % seulement des catholiques se déclaraient pratiquants. L'Église n'a pu que constater qu'il y avait de moins en moins de monde dans les églises et de plus en plus dans les sanctuaires. Face au retour en force du pèlerinage, des grandes messes qui, après chaque drame, rassemblent la population dans des églises qu'elle ne fréquente plus, l'Église a dû s'adapter. Henri Madelin, jésuite et rédacteur en chef de la revue *Études*, explique : « *Tant qu'il y avait une régularité dans les paroisses, les grands points de rassemblement n'étaient pas importants. Maintenant, il faut des chocs, des "temps forts"*, disent les catholiques. » Comme à Paris, en 1997, où les JMJ[11] avaient rassemblé près de 1 million de jeunes.

À Lourdes, 300 000 personnes sont attendues. Mais le père Madelin, lucide, précise : *« Dans les intervalles, on ne sait pas ce qui se passe. Peu iront à la messe le dimanche suivant. »*

* *Jean-Paul II. La biographie*, First Éditions.

Le Nouvel Observateur n° 2075, 12/08/2004.

1. Compte. **2.** Enthousiasme. **3.** Servant de bouteilles. **4.** S'allument et s'éteignent par intermittence. **5.** Autre nom donné au pape. **6.** Attachement aux pratiques de la religion. **7.** Sorti de son articulation. **8.** L'ensemble des évêques. **9.** Dédié à la Vierge Marie. **10.** Abréviation de *monseigneur*. **11.** Journées mondiales de la jeunesse (grand rassemblement de jeunes catholiques).

1 Lisez le titre de l'article ci-contre et expliquez, en une seule phrase, ce que ce titre sous-entend.

2 Lisez le premier paragraphe de l'article.

a De quelle ville est-il question ?

b Relevez les deux raisons pour lesquelles cette ville est devenue un lieu de pèlerinage.

c Repérez des expressions ou des phrases qui montrent également le caractère extrêmement commercial de cet endroit.

d Indiquez quel événement important a lieu dans cette ville, en 2004.
Puis, à l'aide d'un calendrier, précisez le jour exact de cet événement.

3 Lisez la suite et la fin de l'article.

a Expliquez pourquoi la présence, dans cette ville, d'un grand nombre de membres de l'Église française peut paraître étonnante.

b Indiquez pour quelle(s) raison(s) l'épiscopat français se dit aujourd'hui favorable aux grands rassemblements populaires.

c Dites si ces grands rassemblements ont une incidence sur la pratique religieuse régulière.
Justifiez votre réponse à l'aide d'une phrase de l'article.

Écrire

16 Pèlerinage. DELF

Deux de vos amis souhaitent se rendre à Lourdes pour la venue du pape. Comme vous êtes actuellement dans la région, ils vous demandent de leur trouver un hôtel ; ils souhaitent venir en voiture, avec leurs enfants et leur chien.

Vous leur adressez un courriel dans lequel vous leur présentez le résultat de vos recherches et les conseillez pour faire leur choix. Pour finir, essayez également de les convaincre de venir à une autre période de l'année, pour plus de calme.

> Hébergements à Lourdes > Hôtels

Le Saint-Joseph ★★★
87 chambres
hôtel-restaurant
4, rue Saint-Joseph [voir le plan]
Tél. 05 62 94 31 99 – Fax 05 62 42 14 88
Email : s-joseph@wazoo.fr
Ouvert du 07/02 au 16/12
Pension complète 53 €
CB TV P

> L'Hôtel du Miracle ★★★
63 chambres
hôtel-restaurant
79, avenue Bernadette Soubirous [voir le plan]
Tél. 05 62 94 34 44 – Fax 05 62 94 64 39
Email : hoteldumiracle@wazoo.fr
Ouvert du 01/04 au 30/10
Pension complète 50 €
Demi-pension 42 €
CB TV

De : ....

À : ....

Objet : ....

....

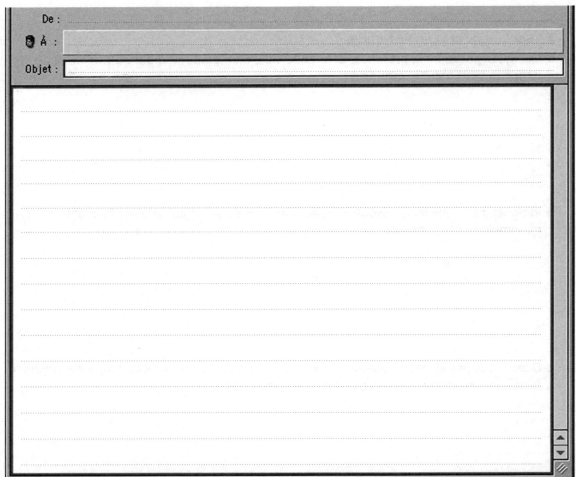

17 Intolérable ! DELF

Votre fils a été victime d'un bizutage dégradant à son entrée dans une grande école.

Choqué(e) par cette pratique, vous décidez de vous plaindre au directeur ou à la directrice de l'établissement en lui adressant une lettre. Pour vous aider, vous pouvez prendre modèle sur la lettre qui figure dans la leçon 4 du livre de l'élève, p. 19.

1 Associez chacune des personnes suivantes à la discipline qui lui correspond.

a Zinedine Zidane — **1** mode
b Colette — **2** science
c Marie Curie — **3** littérature
d Coco Chanel — **4** sport
e Henri Matisse — **5** musique
f Claude Debussy — **6** peinture

2 Cochez les deux formules de politesse que l'on peut trouver à la fin d'une lettre formelle.

☐ **a** Recevez, Monsieur, mes salutations distinguées.
☐ **b** Je vous prie de croire, Madame, Monsieur, en l'expression de mes sentiments les meilleurs.
☐ **c** Acceptez, Madame, Monsieur, l'expression du respect de ma personne.

3 Repérez, dans la liste ci-dessous, trois termes populaires pour désigner l'argent.

☐ **a** le papier
☐ **b** le fric
☐ **c** la bourse
☐ **d** le métal
☐ **e** le pognon
☐ **f** les sous

4 Voici plusieurs symboles de la France. Écrivez leurs noms.

a ....

b ....

c ....

d ....

5 Classez les quatre énoncés suivants du moins poli au plus poli.

a Je veux un billet pour Nice.
b Bonjour. Je voudrais un aller simple pour Nice, s'il vous plaît.
c Un aller simple pour Nice, s'il vous plaît.
d Bonjour. Pourrais-je avoir un aller simple pour Nice, s'il vous plaît ?

1	2	3	4

6 Lisez le dialogue et cochez les phrases dans lesquelles on prononce le *s* final de *tous*.

☐ **a** Bon ben, ça y est ! J'ai envoyé tous les cartons d'invitations.
☐ **b** Tu crois qu'ils viendront tous à la soirée ?
☐ **c** Oh ! Pas tous, non. Je ne crois pas.
☐ **d** On ne fête pas tous les jours ses vingt ans. Ils pourraient faire un effort, quand même !

7 Placez les villes suivantes sur la carte de France.

Bordeaux – Brest –
Lille – Lyon –
Marseille –
Montpellier –
Paris – Strasbourg.

8 Que répond-on habituellement à une personne qui se présente à vous pour la première fois ?

☐ **a** Bien le bonjour !
☐ **b** Enchanté !
☐ **c** Merci !
☐ **d** Félicitations !

9 Placez chacune des interjections dans la phrase qui convient.

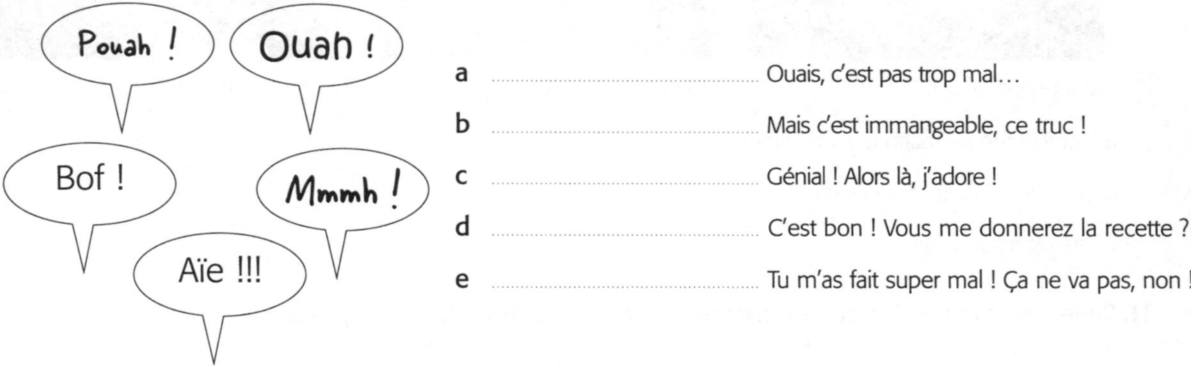

a .... Ouais, c'est pas trop mal…
b .... Mais c'est immangeable, ce truc !
c .... Génial ! Alors là, j'adore !
d .... C'est bon ! Vous me donnerez la recette ?
e .... Tu m'as fait super mal ! Ça ne va pas, non !

10 Classez les cinq fêtes suivantes dans l'ordre chronologique.

a la fête du travail
b la Toussaint
c la Saint-Valentin
d la Fête nationale
e Noël

1	2	3	4	5

11 Que dit-on, au téléphone, pour faire patienter poliment une personne ?

- ☐ **a** Ne raccrochez pas.
- ☐ **b** Ne quittez pas.
- ☐ **c** Gardez la ligne.
- ☐ **d** Attendez un peu.

12 Que signifie le sigle suivant ?

anpe

....

13 Retrouvez les cinq pays francophones qui se cachent dans la liste ci-dessous.

- ☐ **a** le Brésil
- ☐ **b** la Thaïlande
- ☐ **c** le Canada
- ☐ **d** la Côte d'Ivoire
- ☐ **e** la Belgique
- ☐ **f** la Suède
- ☐ **g** la Suisse
- ☐ **h** le Mexique
- ☐ **i** le Sénégal

14 À qui s'adresse chacune des deux expressions suivantes ?

a Bonne continuation !
- ☐ **1** à une personne qui part à la retraite
- ☐ **2** à une personne qui n'a pas encore terminé un travail

b Bon rétablissement !
- ☐ **3** à un(e) étudiant(e) qui effectue sa rentrée scolaire
- ☐ **4** à une personne malade

15 Associez chacun des trois présidents de la République ci-dessous au site parisien qui porte son nom.

Charles de Gaulle

Georges Pompidou

François Mitterrand

a La Bibliothèque nationale de France : ....

b Le centre culturel Beaubourg : ....

c L'aéroport de Roissy : ....

16 Reliez les mots entre eux de manière à retrouver des noms composés.

a un porte-	**1** passer
b un tire-	**2** bonheur
c un laissez-	**3** fort
d un coffre-	**4** glace
e une belle-	**5** bouchon
f un presse-	**6** fenêtre
g un essuie-	**7** sœur
h une porte-	**8** citron

17 **À quel registre de langue appartiennent les énoncés suivants ?**

a Vous pourriez faire un peu moins de bruit, s'il vous plaît ?
b Si vous vous calmez pas tout de suite, moi, j'appelle les flics !
c Je vous saurais gré de bien vouloir respecter le voisinage, monsieur !
d C'est pas un peu fini, ce bazar !
e Auriez-vous l'obligeance de baisser un peu le volume, s'il vous plaît ?
f Je vous préviens, si vous continuez comme ça, ça va mal se terminer !

	a	b	c	d	e	f
Familier						
Standard						
Soutenu						

18 **Trouvez trois synonymes du mot *travail*.**

....

19 **Quel est le nom de l'hymne national français ?**

....

20 **Cochez, parmi les trois énoncés ci-dessous, celui qui a le même sens que l'énoncé suivant : *Tu as sans doute raison*.**

☐ **a** Tu as absolument raison.
☐ **b** Pour une fois, tu as raison.
☐ **c** Tu as peut-être raison.

21 **Quel est le cri du coq français ?**

☐ **a** Coukeldou !
☐ **b** Cocorico !
☐ **c** Kikiriki !
☐ **d** Kékélékéké !

22 **Citez trois journaux ou magazines français.**

....

23 **Indiquez le lieu où il est possible d'entendre la phrase suivante : *Laissez, c'est ma tournée !***

....

24 **Complétez les proverbes suivants.**

a La nuit, tous les chats sont ....
b L'argent ne fait pas le ....
c Tel ...., tel fils.
d Les bons .... font les bons amis.

Imprimé en France par Mame Imprimeurs à Tours (n° 07042277)
Dépôt légal : 05/2007 - Collection n° 45 - Edition n° 03